峨眉武术的前世今生

于铁成 —— 著

西南交通大学出版社
·成都·

图书在版编目（CIP）数据

峨眉武术的前世今生/于铁成著. 一成都：西南
交通大学出版社，2017.10
ISBN 978-7-5643-5856-3

Ⅰ. ①峨… Ⅱ. ①于… Ⅲ. ①武术－介绍－中国
Ⅳ. ①G852

中国版本图书馆 CIP 数据核字（2017）第 261508 号

峨眉武术的前世今生	于铁成 著	责任编辑　郭发仔
		助理编辑　王　硕
		封面设计　原谋书装

印张	12.25	字数	135千	出版发行	西南交通大学出版社
成品尺寸	165 mm×230 mm			网址	http://www.xnjdcbs.com
版次	2017年10月第1版			地址	四川省成都市二环路北一段111号
					西南交通大学创新大厦21楼
印次	2017年10月第1次			邮政编码	610031
印刷	四川煤田地质制图印刷厂			发行部电话	028-87600564　028-87600533
书号	ISBN 978-7-5643-5856-3			定价	35.00元

图书如有印装质量问题　本社负责退换
版权所有　盗版必究　举报电话：028-87600562

他们是金庸笔下的蜀山美女天团

他们曾一场比赛连胜WBC三位拳王

他们与少林武当同级却罕为人知

让我们一起穿越——

感谢骆新大哥百忙之中对我的指点，亲自为这本小书作序。峨眉武术作为非物质文化遗产，有社会各界贤达的关爱和扶持，必将得到更好的传承和发展。骆大哥的帮助让人暖心。

感谢陈平、张玉芳、龙海、张晓斌、杜红卫、张兆模、饶建雄等哥哥姐姐和师父王旭先生的子女们，因为你们的大力支持，才有本书面世。

乐山地区武术老拳师座谈会 合影 1983.11.17.

乐山地区武术老拳师座谈会 留念 1983.11.17.

乐山市中区老拳师座谈会合影 1984年1月20日

樂山地區武術老拳師座談會留念
一九八三年十一月十七日樂山

乐山市武术老拳师座谈会留念 1984.1.20

　　铁成是我多年的朋友,也是电视同行,嘱我为他这本《峨眉武术的前世今生》书作序。

　　说实话,我对武术,可谓一窍不通。

　　但是,这并不影响我对武术的想象——毕竟,我们这一代人,浸淫于金庸、梁羽生、古龙等人的武侠小说许多年,都颇有一点侠肝义胆、英雄气概的追求,尽管,随着年龄的日渐增长,难免会萎缩成了鼠目寸光、英雄气短,可在梦境里,却总希望自己"归来依然是少年"。

　　生活在这样一个"一切皆有可能"的时代,常令我们焦虑的,与其说,是那些突如其来的"拥有"或者"丧失",还不如说是一种"不确定性"。我们渴望自己掌握一门独门秘技,其实,就是为了在最大程度上对抗这种不确定性,所谓"艺高人胆大",仿佛李太白笔下的侠客——"十步杀一人,千里不留行,事了拂衣去,深藏功与名"。

　　遗憾的是,尽管武术是源自于实战的,但在一个制度上普遍认定"儒以文乱法,侠以武犯禁"的"规训社会"环境条件下,传统的技击因素被阉割之后,所谓的武术，就很容易流于花拳绣腿的表演。不久前，自由搏击选手与（所谓的）太极拳师之间的一番缠斗，就是玩命派与心性派的一场对决。

但从另外一个角度上看，武术也是很难隐藏的一门功夫，如果你有了"打遍天下无敌手"的一身好本领，会甘心于籍籍无名地老死一生吗？正像武侠作家和电影导演们，无论如何讴歌那些"大隐隐于市"的武功高手，最后，也总要让残酷的生活逼迫着他们不得不显露峥嵘，彻底将敌人打败……问题是，然后呢？

所谓"孤独求败"的潜台词，还是耐不住孤独和寂寞，那么，隐于深山老林的修炼，不过成了一种待价而沽的伪装，与其藏着掖着，何不大大方方地伸出手来：讨教！这才是一个人走向"现代性"的真正体现——不矫饰，不惧怕。

这些问题，无疑都是在促进着人们的思考——传统武术进入现代社会之后，如何既能保留技击的功用，又能作为涵养心性、强身健体的常规运动——关键是，不仅仅是一项体育竞技项目，这一点上，日本空手道和韩国跆拳道的发展路径，以及他们融入世界奥林匹克运动的成功尝试，特别是，他们成为西方社会眼中的东方之"道"典型代表，就非常值得我们借鉴！试问，今天，有哪些人训练了空手道和跆拳道，就是为了上街打人呢？

必须承认，武术，一定是一门实修的功夫，无论你如何通过文字或语言了解了它的历史，但是，要想真正掌握它，则必须通过长期的身体力型，这是一门结合了"人际型"和"技能型"的综合知识，也超出了语言文字传递的范畴。

我想，长期练习武术的人，也会将"对抗与挑战"视为一种人生常态，通过自我修炼和精进，最终摆脱藏在心底的恐惧，超越局限，日臻化境，知行合一。

铁成本人，就是峨眉功夫的传承者。但我读完了全部文字之后，很难将他这本书做一个明确的分类——既不是虚构文学、也并非历史传记、更不是武术教材，却又三者神形兼备，以我多年记者的眼光来看，铁成的文字也并不算老练，不过，倒是透着互联网时代的活泼，令我读这本书，并不感觉累。开卷注视时，铁马冰河入梦来；合页凝神时，轻舟已过万重山！一部峨眉武术的前世今生、来龙去脉，就被如此活色生香地淋漓道尽，也算痛快！

反正，看罢这本书，我倒是真想去练习一下中国武术、峨眉功夫了。

2017 年 10 月 14 日 上海

目录

算是前言 …………………………………………… 001
掀起你的盖头来：峨眉武术与金庸 ………………… 004
再掀：峨眉武术与道教 ……………………………… 012
又掀：峨眉武术与佛家 ……………………………… 020

三次南北大融合：刘备的贡献 ……………………… 023
百度百科的错：超级牛人唐顺之 …………………… 029
平生不识陈近南：天地会差点干掉峨眉武术 ……… 043
五花八叶：太平天国最后一个秘书 ………………… 050
五花八叶：争奇斗艳放光华 ………………………… 060

巴蜀武术：我们先祖就好这口 ……………………… 066
光芒挡不住：不出门的峨眉派 ……………………… 073
发祥地：源于仙山云深处 …………………………… 079

I

峨眉武术的至宝：十二庄传奇 ········· 086

武举乐山：那些刀光剑影的往事 ········· 095

峨眉派的尚武精神：从杜心五说起走 ····· 103

谁是傻儿：让武人家绝不拖稀捏带 ······· 109

百岁武者：一个世纪的人生传奇 ········· 117

记住一个名字：令人心痛的遗憾 ········· 127

回到乐山：峨眉武术发源地近代源流 ····· 135

练拳八法：世纪拳师的百年经验之谈 ····· 141

珍贵心得：百岁峨眉宗师的拳术箴言 ····· 145

说剑：师父眼里的神兵利器 ············· 149

师父的功夫：岳拳 ····················· 154

师父的功夫：三星桩 ··················· 157

师父的功夫：峨眉兜拳 ················· 159

师父的功夫：峨眉兜拳 ················· 160

师父的功夫：飞龙棍 ··················· 163

师父的功夫：七星单刀 ················· 167

师父的气功：峨眉气功十二段锦 ········· 173

画个句号：峨眉武术没有终点 ··········· 182

算是前言

一直想说说峨眉武术。这个想法早在10年前就不断地蚕食着我的灵魂，让我不得安宁。或许是因为，我第一次感受到她的时候，心情非常地不爽和沮丧，对于她的境况，我深感无奈却又无能为力。

记得那还是1998年的中央电视台春节联欢晚会，全国人民欢天喜地吃着瓜子，一眼也不愿离开的电视荧屏上，赵丽蓉老师和巩汉林合作了一个带武术表演的小品《功夫令》，主题歌是"酱紫"的："南拳和北腿，少林武当功，太极八卦连环掌，中华有神功。"

哎！这叫人听了真是心里"哇凉哇凉"的，少林武当是这个领域的大哥大，太极拳算是全民普及了，这些都出现在歌里，代表着中国功夫，好吧，没得啥子问题。可作词的这位大爷，您连八卦连环掌都给列进去了，俺们峨眉武术呢？怎么就没有俺们呢？好歹也是跟少林武当并称"中华三大武术流派"的存在啊。

来来来，作词的大爷，你出来咱俩聊聊！

其实，峨眉武术的缺席绝不仅仅是一个小品，一首歌曲。

别说央视春晚高大上的场合没有峨眉武术的影子，就连民间喜闻乐见的场子，一样能把峨眉武术弄得灰头土脸。

2004年，乐山乌尤寺秋菊展，游客市民人山人海络绎不绝。当时因会见过金庸先生，已在武术界名声鹊起的汪键，带着二十多个大佛武校的徒弟，在乌尤寺大院里表演正宗的峨眉武术，围观者里三层外三层，叫好声喝彩声此起彼伏：

"好哦！"

"安逸得板！"

"巴巴掌拍起来！"

"少林功夫巴适！"

这下尴尬了！

这可是在乐山的地头上，叫好的看客里有不少都是本地人，要知道峨眉武术发源地就是在乐山啊，好好地让人认成"少林功夫"，这让我说啥是好呢？

问题究竟出在哪里？

峨眉武术到底是怎么了？就这么不招人待见？

或者说，世界上到底有没有峨眉武术？难道这峨眉武术真的就是武侠小说生给编出来的？

一本书的前言写到这儿，按说也就必须戛然而止了，要是对峨眉武术有兴趣，您就把瓜子摆好，小板凳搬到位，且听哥们儿给您慢慢道来。

峨眉小师妹在 2017 贵州福泉武林大会展示"峨眉刺"

掀起你的盖头来：峨眉武术与金庸

各位，先来搜个百度百科，词条：峨眉武术。以下一字未改，全部照搬百科原文：

峨嵋武术是中国传统武术流派之一，以中国名山峨嵋为发祥地。包括世间流传的"五花"即四川省成都市都江堰青城山的（青城派）。金堂云顶山铁佛寺地区的（铁佛派），四川丰都地区青牛山（青牛派），四川涪陵点易洞地区（点易派），四川荣昌及隆昌两地（黄林派）。八叶是指在世间流传的赵门、僧门、岳门、杜门称为四大家。洪、化、字、会称为四小家。明朝时人唐顺之先生所著《峨眉七道人拳歌》曰："浮屠善幻多技能，峨嵋拳术天下奇。"2008年，峨嵋武术入选第二批国家级非物质文化遗产名录编号Ⅵ-23。

不得不说，百度百科真的是堕落了。

就拿这段短短不到两百字的资料来说，里面居然就有好几个错误。

首先，是峨"眉"不是峨"嵋"。把峨眉山误写作"峨嵋山"，原本就是个错误。峨嵋的出处，出自于《康熙字典》，曰："峨嵋，山名，在蜀嘉定府峨眉縣南百里，兩山相對如峨眉。《郭璞·江賦》峨嵋爲衆陽之揭。通作眉。"

这算是"嵋"的由来，但从古至今，这个字都用得偏。正统地说，都是用"峨眉山"，为什么叫峨眉山，就是因为峨眉山得名源于山形似少女之眉，因此古籍里有时也写成"娥眉山"。娥眉，小女生的漂亮眉毛嘛。不过这个错误只是一点文字上的小官司，对于主题的影响倒是不太大。

接下来的错误就非常离谱了，唐顺之先生那首鼎鼎大名的《峨眉道人拳歌》，不知道为什么百科里平白多了个"七"字。七什么？七个道人？这都是什么乱七八糟的？

更不能忍的是，就连引用《峨眉道人拳歌》的内容也是错的！

什么叫"浮屠善幻多技能，峨嵋拳术天下奇"？

人家唐大爷明明写的是"浮屠善幻多技能，少林拳法世罕有。道人更自出新奇，乃是深山白猿授"。

这四句是个整体，不过二十八个字，却把峨眉武术的来源和地位交代得清清楚楚，"浮屠善幻多技能，峨嵋拳术天下奇"是什么东西？毫无递进关系，可以说简直就是一句废话。

"浮屠善幻多技能，少林拳法世罕有。道人更自出新奇，乃是深山白猿授"，这是唐顺之先生《峨眉道人拳歌》开篇四句，意思是说，少林和尚很厉害，少林功夫很厉害，但那又怎么样？峨眉道人比少林和尚可是更胜一筹。至于为什么这么厉害，主要是因为峨眉功夫是深山里的白猿传下来的，来历如此不凡，当然了不起啦。

浮屠，古代是指僧人，也就是俗称和尚（当然，按照我认识的一位某寺当家和尚的说法，和尚是出家人里的尊称，男僧人即比丘，女僧人则为比丘尼，出家人是不能一概称为和尚的）。后来，佛家也把佛塔并称为"浮屠",不是有一句大家都熟悉的老话嘛,"救人一命胜造七级浮屠",这里的"浮屠",就是指佛塔。

至于"深山白猿"这件事儿,在这里用一两句话是说不清楚的,各位看官且容我在后面慢慢道来。

总之,这段不到两百字的百度百科资料里谬误不少,估计误导了不少的朋友,但愿在下这本小书能让读者诸君了解得更准确点。嗯,这样一想,我出的这本书作用还是蛮大的呢!哈哈,且容我先自恋三分钟!喂喂喂,不要打人嘛,有话好好说……不要打脸……

其实呢,长久以来,峨眉武术,或者说峨眉派,一直被很多人认为是南宋末年,由射雕英雄郭靖大侠和丐帮帮主黄蓉的二女儿女侠郭襄所创的。

至于什么武功才是真正属于峨眉派的,真实的峨眉派武术究竟起源于什么历史时期,众说纷纭,莫衷一是,加之其起源于大西南一隅、自古以来就充满神奇传说的巴蜀,不免令峨眉武术蒙上了一层神秘的面纱,扑朔迷离。

峨眉派祖师是郭襄女侠——

这件事曾经令很多武侠小说读者深信不疑。

郭襄,是一代武侠小说宗师金庸先生在小说《神雕侠侣》和《倚天屠龙记》中塑造的一个人物,她出身不凡,是以"为国为民"为己任的大侠郭靖和精灵剔透的神仙姐姐一般的人物黄蓉的女儿,也是神雕大侠杨过最喜欢的小妹妹,是一个深受万千读者喜爱怜惜的人物。

讲真!武侠小说的历史可谓源远流长,简直可以追溯到大汉朝的史家巨著《史记》之《游侠列传》,司马公的如椽大笔,将那些叱咤风云的大侠描绘得出神入化,让人拍案叫绝。

从西汉到大唐，从朱家、剧孟和郭解到聂隐娘、红线女（鸿现、绿云）和妙手空空儿，再到《三侠五义》的南侠展昭、锦毛鼠白玉堂，历朝历代，那些毁家纾难、路见不平拔刀相助的侠客们，跃然竹简白纸之间，深刻于脑海人心之中。

而伴随着六零后、七零后、八零后这三代人成长的，是金庸古龙等人横空出世的佳篇巨作。"新派武侠"从香港和台湾崛起，自二十世纪八十年代进入内地，几乎一夜之间就风靡了大江南北，从那时起，侠客和武术，也成为文学和影视永恒的主题。

直到今天，电影票房最高的中国电影，仍是功夫片，无论是古装的，还是现代的。

而峨眉武术，最广为人知地被"点出根源"的，只有金庸先生的《倚天屠龙记》。

早前的诸多武侠小说，或许有说到过"峨眉派"，但大多都鲜为人知，或鲜为"留痕"。颇为出名的《蜀山剑侠传》虽然写了"峨眉派"，但还珠楼主笔下的乃是"仙侠"。什么是"仙侠"？就是那些在天上飞来飞去，还能煮海移山、成仙化兽的"大咖"，总而言之，言而总之，是神，不是人。

显然这绝不是真实的峨眉派。

而让人们第一次相信峨眉派的起源，还是金庸先生的《倚天屠龙记》。书中第九章"七侠聚会乐未央"里，武当派开山祖师张三丰的弟子俞莲舟，对峨眉派起源有一个"著名结论"——

俞莲舟道："恩师与郭女侠在少室山下分手之后，此后没再见过面。恩师说，郭女侠心中念念不忘一个人，那便是在襄阳城外飞石击死蒙古大汗的神雕大侠杨过。郭女侠走遍天下，找不到杨大侠，四十岁那年忽然大彻大悟，便出家为尼，后来开创了峨嵋一派。"

《倚天屠龙记》作为《神雕英雄传》《神雕侠侣》的续作，可谓金庸武侠小说中最具影响力的"三部曲"之一，于是"峨眉派乃郭襄所创"，随着小说的传播而深入人心。

金庸先生的魅力有多大？小弟我是亲眼见识过的。2004年9月，作为金庸先生的"武术文化导游"，在下陪同老先生在峨眉山游览了三天。其中有一天，我陪老先生上清音阁去看峨眉灵猴——这个是老先生亲自提出来一定要去看的。

当天是下午，游人相对上午要少一些，我们一行人走到接王亭，这时，原本已经下山的游客听说"金庸来了"，纷纷掉转回头，又从山下往回赶，就为亲眼目睹这位华人世界中最伟大的武侠小说家的风采。用宋丹丹老师的话说，"那场面，真是锣鼓喧天，鞭炮齐鸣，红旗招展，人山人海，那是相当地热烈"。

这就是金庸，这就是金庸先生的魅力！这样一位大作家，他的书上写的东西，一夜之间就能男女老少咸与闻之，听之信之。更有一点，金庸先生写武侠小说有个特点，就是常以史实夹杂虚构的写法去讲述故事，如此便使得他笔下的"野史"，往往被很多人误认为是"正史"。就老先生本人的小说来说，这自然是一种了不起的成就，但对于峨眉武术来说，就有点悲摧了。

于是乎，"峨眉派是女侠郭襄所创，峨眉武术源自'九阳真经'"之类的说法竟然成了主流的说法。一些有考据癖的读者甚至自行"脑补"（想象），就此引申道："郭襄的武功传至风陵师太、灭绝师太、纪晓芙、周芷若等后世，峨眉派的许多招式，也都具有女性的色彩，如剑法中的文姬挥笔、索女掸尘、西子洗面、越女追魂等都是女子的姿态。又如峨眉派的著名兵器峨眉刺，又称'玉女簪'，也是由女子发簪变来的。"

好吧，我要给你一个大大的"强"字。据说，郭襄、风陵师太、灭绝师太、纪晓芙、周芷若这些小说里金庸先生创造出来的人物，不但被一些武侠小说爱好者信以为真，就连一些教授级的专家学者，居然也堂而皇之地将其写进了自己的"学术著作"。

讲真，这些凭空想象的说法居然还在不少网站上大行其道，点击率还超级高，峨眉派是一群"美女天团"的说法已经是深入人心。记得是2011年，中国最有影响力的一个电视台的某频道成立了一个摄制组，来到峨眉山拍摄峨眉武术的专题片。一到乐山就先找到我，要我"积极配合"。

宣传峨眉武术，这是好事啊，我当然要"配合"，而且相当"积极"。结果电视台摄制组的编导看完我介绍来的峨眉武术弟子的表演后，竟然面露惊诧地追问我："于老师，他们怎么都是男的？"

您瞧，不仅仅是普通老百姓的认知，就是这些对历史文化颇有一些常识的媒体记者编导，"峨眉武术就是美女天团的优雅舞蹈"这种观念在他们心里也是根深蒂固。

武侠小说是如此描述峨眉武术的，热心网友和武侠迷们是如此解读峨眉武术的，那么，武术界一本正经的学术派对峨眉武术的来源又是如何判断的呢？

中国第一本武术类专业杂志《武林》（曾率先在其杂志上连载金庸先生的武侠小说）在其1986年第4期刊载的《峨眉拳》一文中这样写道："（峨眉派）祖师原为一道姑，后入佛门。师善技击，善研各家拳法……积十三年，始臻大成，身旁弟子习之，呼之玉女拳法，同道相誉，称峨眉拳，后弟子至峨眉山，偶谐其音，始称峨眉，此拳名之始末也。"

此文没提郭襄，但所谓道姑，所谓尼姑，仍与遁入空门的郭襄相去不远。这篇文章是否受到了金庸先生1961年创作的《倚天屠龙记》的影响，我是不得而知，或许人家是"英雄所见略同"。

但是——

《武林》可是武术类专业杂志啊！如此严肃的学术专业刊物，所刊载的《峨眉拳》自当属于严肃的专家论述，专家都说峨眉武术是起源于道姑或尼姑了，那肯定就有很多人以此为凭，再一次"考证"出峨眉派是来自"出家女子"的"科学结论"。

问题是，这是真的吗？

或许，我们该问问"始作俑者"。

2004年，我真的壮起胆子去当面亲口问了金庸先生。

2004年，于铁成陪同金庸先生游览三江看乐山大佛，峨眉山灵秀湖畔论剑

那一年的中秋节，老先生在我们的陪伴下，在峨眉山灵秀湖畔赏月，并且亲眼目睹了正宗的峨眉武术。

面对众人，面对众多在现场的新闻媒体，老先生坦然直言，自己是第一次看到"厉害的峨眉武术"，坦承自己之前对峨眉派的描写完全出自杜撰。

人品啊同志们！要不说人家是大师呢！人品那是杠杠的！

坦坦荡荡，绝不戚戚。

《倚天屠龙记》的"郭襄说"显然不是史实，因为原作者给出的答案是最权威的。

那么，《武林》杂志之《峨眉拳》的"道姑尼姑说"，会是真的吗？

已故峨眉派大宗师、峨眉山报国寺百岁大德高僧释通永不止一次告诉我：峨眉山历史上没有出名的女出家人，无论比丘尼，还是道姑。也没有会武术的比丘尼和道姑。

峨眉山佛家所存的文字记载中，峨眉山地方志所存的文字记载中，没有郭襄，也没有其他道姑或尼姑会武术和开创峨眉派的半点痕迹。

真要说峨眉山历史上有什么特别特别出名的女人，也有。云霄、碧霄、琼霄，看过《封神榜》的朋友对这三姐妹绝不陌生。

对了，峨眉山还有两位出名的女人，武功还真的很高！不过，她们究竟算女"人"还是女"蛇"，我还真有点不太好说。对了，她们就是白蛇和青蛇，是的，这二位都是在峨眉山修炼的，有大量的民间传说在峨眉山自古流传至今。

但是话说回来，无论是云霄、碧霄、琼霄还是白蛇与青蛇，她们都是神话传说里的人物，跟峨眉武术实在沾不上一点边儿。

那么，真实的峨眉武术到底由谁所创？历史上又起源于何时呢？

再掀：峨眉武术与道教

其实，在一些可以被称为"史书"的文字里，峨眉武术宛如浩瀚繁星中的一丝异彩，夹杂在数不清的风物旧事中，若隐若现。

字里行间，越来越多的箭头指向了这样一条"信息"：先秦时，有号为司徒玄空者，隐居耕作于峨眉山中，与峨眉山灵猴为伍，仿灵猴动作，创峨眉通臂拳，因其姓白，又喜欢穿白衣，故被称为"白猿公"，传艺众人。

1985年人民体育出版社《中国武术史》是这样写的："战国白猿，姓白名士口，字衣三，号动灵子"。

1989年四川省体委（现省体育局前身）主持编撰的权威级武术行业专著《四川武术大全》则称"春秋战国白猿公，字衣三，即峨眉山的司徒玄空"。

2001年重修的《乐山市志》在峨眉武术相关词条中记载为"白衣三，相传战国时仿山猿动作创编峨眉通臂拳，攻防灵活，在峨眉山授徒甚众"。

峨眉山景区内司徒玄空的塑像

好吧，问题又来了。

以上众说纷纭，虽然都指向了白衣三，都没有明确这位"白猿公"司徒玄空所在的年代。要知道，春秋战国，现在大家习惯于连在一起提到的四个字，历史上前后跨度可是五百多年。司徒祖师爷就算比独孤求败还厉害，也不可能活好几百年啊。一个"春秋战国"，确实语焉不详，难免让人感到有点云山雾罩。

幸好还有更靠谱的，东汉有位老兄叫做赵晔的，写了一部书叫《吴越春秋》，总算是把峨眉武术祖师爷的年代交代清楚了。

说起来赵晔跟峨眉武术的发源地乐山还颇有点渊源。

赵晔，字长君，会稽山阴（浙江绍兴）人。早年为一县吏。有一回，赵晔奉领导的命令去搞接待，逢迎下来视察工作的督邮。

诶，督邮，这个官衔听起来是不是有点耳熟呢？

《三国演义》第二回就叫"张翼德怒鞭督邮"。讲的是有位督邮下来视察，对张飞的老大刘备不礼貌，于是被张三爷绑在树上海扁了一顿。

这件事儿其实在历史上是真有发生过的，不过怒鞭督邮的并不是张三爷张翼德，而是刘备同学自己。

《三国志·先主传》如此记载，刘备出任安喜县尉不久，朝廷诏令各州郡，淘汰县级以军功为长吏的人，刘备也在被淘汰之列。负责裁汰工作的督邮来到刘备的地盘视察，刘备前去求见，可督邮装病不理睬。刘备恼了，带人冲进去将督邮绑出来，将自己的官印挂在他脖子上，并抽了他二百鞭子，弃官而去。

说实话我也搞不懂为什么当督邮的，似乎都有那么点盛气凌人。只要是这个官儿，都能让下面搞接待的人受不了。

《晋书·隐逸传·陶潜》也有这样的记载："郡遣督邮至县，吏白应束带见之，潜叹曰：'吾不能为五斗米折腰。'"

就是说郡里派一位督邮大人到彭泽县里来。那个时候，陶渊明刚刚担任彭泽县令八十几天。听到督邮要来的消息，下面的官员就跑来提醒陶县长，你要穿戴得整整齐齐地去拜见督邮啊！陶大人一听脑袋都大了，本来就不擅长拍马屁，显然完成不了这么艰巨的任务，于是干脆做了一个艰难的决定——挂印而去！

穿得像个第一次上学堂的小学生去拜见你？不好意思，老子不干了。

刘备同学如此，陶渊明同志如此，赵晔同学也是如此，接待了一回督邮，搞得心理阴影面积超级大。

如果说陶渊明辞的是县令，肯定心里多少还有点思想斗争。赵晔就洒脱得多了，毕竟只是一个县吏，不当了就不当了吧。于是辞官来到犍为郡，拜经学大师杜抚为师，专心搞学问去了。

当时的犍为郡，就包含今天的乐山。而今天的乐山，还辖有一个县叫做犍为县。

赵先生这一去就是二十年，那年头又没有手机，也不能玩微博微信，赵先生又不可能发朋友圈，别说发朋友圈了，连通封信都特别难，子女根本就不知道爸爸去哪儿了，还以为他早就不在人世了，专门为他举行了葬礼（估计就是把他用过的衣服帽子什么的给埋了）。

后来，还是因为老师杜抚去世，赵晔主持了老师的葬礼之后，这才回了故乡。赵先生老家的领导觉得赵同学相当不错，想请他出来当个从事（官名，较他之前担任的职务要高），但赵晔拒绝了。他关上门潜心写作，寒来暑往，春华秋实，完成了《诗细》《历神渊》和《吴越春秋》。

正是这个原书 12 卷，今存 10 卷的《吴越春秋》，清晰地记载了白猿公与"国民女神"的一段旖旎往事。

《吴越春秋·勾践阴谋外传第九》写道：

越王又问相国范蠡曰：'孤有报复之谋，水战则乘舟，陆行则乘舆，舆舟之利，顿于兵弩。今子为寡人谋事，莫不谬者乎？'范蠡对曰：'臣闻古之圣君，莫不习战用兵，然行阵队伍军鼓之事，吉凶决在其工。今闻越有处女，出于南林，国人称善。愿王请之，立可见。'越王乃使使聘之，问以剑戟之术。

处女将北见于王，道逢一翁，自称曰袁公。问于处女：'吾闻子善剑，愿一见之。'女曰：'妾不敢有所隐，惟公试之。'于是袁公即拔箖箊竹，竹枝上枯槁，未折堕地，女即捷末。袁公操其本而刺处女。

处女应即入之，三入，因举杖击袁公。袁公则飞上树，变为白猿。遂别去。

越王勾践要向吴王夫差复仇，担忧自己的军队功夫不行，范蠡推荐了一位"国人称善"的"国民女神"，越王礼聘其为"三军武术总教官"。

这位"处女"，呃，或许应该称之为"越女"，就北上去觐见越王。结果呢，半道上遇到一位自称"袁公"的老同志，说："听说你这丫头剑法很好，能让老夫看看不？"

越女欣然应允，两人以竹为剑，可惜只过了几招，袁公便飞身上树，化作白猿而去。

有《吴越春秋》在此，这就非常好办了。越王勾践，生年虽然不详，但于公元前496年至公元前464年在位是明确的。那么，"白猿公"司徒玄空所生活的年代也就比较清晰了。

当然，"化作白猿"这么无稽的事情你要是真的信了，我也没啥好说的，毕竟古书里把"似什么"写成"是什么"的情况实在是太多了，各朝正史里神怪的记载不要太多，更何况《吴越春秋》并不是《史记》。

关于白猿公的记载，在此后千百年中依然零星出现在一些重量级人物的笔下。

李白的《结客少年场行》里写道："少年学剑术，凌轹白猿公。珠袍曳锦带，匕首插吴鸿。"要知道，这位从古至今受到每一代中国人喜爱的李白李老师可不是普通的诗人，他的剑法在大唐整个的时空中也应该是屈指可数的，否则又怎么能发出"十步杀一人，千里不留行。事了拂衣去，深藏身与名"的慷慨壮歌。

无独有偶，大唐还有一位不羁的诗人杜甫，写过一首《题永崇西平王宅太尉愬院六韵》："授符黄石老，学剑白猿翁。矫矫云长勇，恂恂卻縠风。"

直至大明，唐顺之先生的那首为峨眉武术正名的《峨眉道人拳歌》，更是用"浮屠善幻多技能，少林拳法世罕有。道人更自出新奇，乃是深山白猿授"这样恢弘的开篇，阐明了峨眉武术的真实水平和来龙去脉。

唐顺之首次在诗中提到了"峨眉道人"这个关键词。而我们现在都知道，峨眉山是佛教文化而闻名四海的，中国四大佛教名山嘛！来过峨眉山旅游的都晓得，从山下到山上，庙子特别地多，香火特别地旺。道士呢？没见过。

道士下山了？

其实，峨眉山不仅仅是佛教名山，她还有一个相当给力的身份："中国道教第七洞天"。只不过，今天你在峨眉山很难看到与这个名头相匹配的景况。

和来自印度的佛教不同的是，道教是我们老祖宗传下来的真正中国本土的宗教，最早或许源于巫术与方士，而被视为太上老君原型的老子李耳，和晓梦迷蝴蝶的庄周为"道"种下了极其强大的基因。

先秦时期，已经成型的道教便成了一种重要的社会势力和文化影响。到西汉刘向撰《列仙传》时，就有了这样的记述："陆通者，云楚狂接舆也。好养生，食橐庐木实及芜菁子。游诸名山，在蜀峨眉山上，世世见之，历数百年去。接舆乐道，养性潜辉。风讽尼父，谕以凤衰。纳气以和，存心以微。高步灵岳，长啸峨眉"。

这位当面嘲笑过孔夫子的"峨眉道人"陆通接舆，就在峨眉山隐居。

更高大上的是，《魏书·释老志》说："道家之源，出于老子。授轩辕于峨眉，教帝喾于牧德。"

老子李耳，又名天真皇人，因此宋太宗才有为峨眉山普贤殿的题联："天真皇人论道之地，楚狂接舆隐逸之乡"。

不过，道教的真正创始人并不是老子李耳，真正的创始人是后汉的张陵。张祖师在峨眉山四周设稠梗治、北平治、本竹治、平盖治、平冈治和主簿山治六治。《云笈七签》说："（本竹治）北有龙穴地道通峨眉山，上有松，昔郭子声得道之处也。"

张陵的嫡孙张鲁于东汉建安三年（公元198年）增设"八品游

治",其中第一治就是"峨眉治"。由此可见,"道教第七洞天"的名头,对于峨眉山来说,绝对是名副其实。

早期的峨眉武术,与道家相关之密,在现在的峨眉武术中仍可窥视一斑。在峨眉武术的内功心法中,极其讲究吐纳、导引、服气、胎息、辟谷等,讲究清静无为,与世无争,故后世有"少林武术传天下,峨眉武术不出门"的说法。

又掀：峨眉武术与佛家

佛祖会武术，谁也挡不住！

乔达摩·悉达多出家之前，是释迦族净饭王的太子。和释迦族其他的王子一样，他练习射箭、技击和马术。他的兄弟们提婆达多的硬弓，难陀的烈剑在当时就闻名遐迩，只是悉达多太子的武术如何，使人知之甚少，以至于当他向善见王求娶他的女儿，美丽的耶输陀罗公主时，善见王甚至准备拒绝。

悉达多太子愿意接受比武的考验，善见王决定让所有够资格的王子都来参与竞争，结果在书艺、算术、跳踯、剑术、马术的比赛中，悉达多王子都取得了优胜，最后，他又用一把没有人能拉得开的强弓，向天射了一枝箭，没入虚空，成为无可争议的冠军。

所以，你以为如来佛祖一掌就把孙猴子拍到山底下是假的吗？

哼！哼哼哼！！！

佛祖会武术，武功还很高。

所以佛教不但不排斥武术，并且对武术还颇为重视，峨眉武术在后来的日子里，也不可避免地有了佛教的印记。毕竟，佛教在峨眉山日益昌盛起来。

佛教自晋代进入峨眉山。

南朝梁僧慧皎在《高僧传》里说，晋僧慧远之弟慧持和尚欲观瞻峨眉，振锡岷岫，乃以晋隆安三年（公元399年）入蜀，受到蜀地刺史毛璩的热情接待。慧持上峨眉山，择地建庵，塑供普贤之像，取名普贤寺。这座普贤寺，是峨眉山第一座正规的庙宇。

佛教驻法峨眉山后，由于合乎教义，又有防身自卫的实际需要，各寺让年轻僧人习武，也就成为了可能。隋末，少林武僧云昙挂单峨眉山，以少林拳法与峨眉僧人交流印证，传授本门拳法，后来逐渐形成了峨眉武术僧门一脉。

南宋建炎年间，峨眉山白云禅师将阴阳虚实和人体盛衰之机理，与武术中的动静功法相糅杂，相融合，创编出"峨眉气功"，因其共有十二节，被后人称之为"峨眉十二庄功"。

"峨眉十二庄功"融合了道家、佛家和中医的思想理念，追求天人感应，天人合一，开创了中国武术养生之先河。

与此同时，峨眉山僧人德源和尚从猿猴腾跃动作得到启发，创编了"猿拳"。德源和尚眉毛纯白，所以被世人称为白眉僧，猿拳亦被称作"白眉拳"。

德源和尚最大的贡献不仅仅是创编了"白眉拳"，他创作的《峨眉拳术》一书，从理论上对峨眉武术进行了系统的总结。应该说，这本书就是峨眉武术发展成熟并自成体系的标志。

从云昙法师到白云禅师，从白云禅师到德源和尚，他们都是出家的僧人，在他们的武功之中，无可避免地存在着浓郁的佛教文化色彩。

事实上，深深沾染了佛教文化印记的峨眉武术，从某种意义上来说，早已不仅仅是强身健体、防身自卫等世俗之技能，而是一种谋求大智慧、大解脱的修行方式。

于是乎，峨眉武术训练的终极目标，也就不再拘泥于有限世界的胜负得失，而是致力于解脱人们内心深处的困顿和迷惑，激发深埋于心底的大智慧。

因此，无论是云昙法师还是白云禅师、德源和尚，以至于后世的湛然法师，他们真正的修行都是佛法，而不是世俗的武术。

或许与娑婆世界中的万千修行者不同的是，他们的佛法修行并未影响到峨眉武术本身具备的健身养生以及技击的属性，只不过他们所追求的乃是更高境界之上的，"禅"的思想。

而"禅"的思想带给峨眉武术的就是更加注重内心的修炼，更加注重人生的智慧，更加注重生活的点滴品质，或许这就是峨眉武术的内核所在。以至于峨眉武术表现出来的智取为上、后发先至、快慢相间、虚实交替，也成为木之本、水之源。

三次南北大融合：刘备的贡献

"掀起你的盖头来"之金庸、道教、佛教，一连三掀，峨眉武术的神秘面纱已经揭开，露出了峨眉武术美不胜收的容颜。

那么，接下来干什么？我想，我们是否应该先来研究一下，峨眉武术所谓的"兼收并蓄""博采众家之长"是怎么来的。

喜欢武术的人大都知道，少林武术讲究"大开大合"，武当功夫注重"柔能克刚"，而峨眉武术纳阳刚与阴柔于一身，汇南北技艺于一炉。

好吧，如果您觉得这话实在太玄，并且有点自吹自擂，那么也可以用一句负能量一点的话来概括，那就是"杂"。

没错，一个字就够了，爱就一个字，我只说一次。

就是"杂"。

峨眉武术号称八大支流：僧、岳、赵、杜、洪、会、字、化；又有五大分属：青牛、青城、铁佛、黄林、点易。

这还不够杂吗？

但是，我们必须得承认，虽杂而不乱。正所谓"一树开五花，五花八叶扶。皎皎峨眉月，光辉满江湖。"五花八叶，兼收并蓄，相互支撑，血脉相交。

正如罗马不是一天建成的，峨眉武术之所以会有如此庞杂（好吧，真的我们应该说丰富），之所以能够有如此丰富的结构，也不是一天就形成的，而是因为历史上发生过的那些南北文化大交流，大融合。在这样的大交流、大融合之中，我们必须提到几位重量级人物，比如说刘备。

不过先不要那么着急，我们得先说说刘备出生之前的那些日子，以及那些我们熟悉和陌生的牛人。

峨眉武术起源于乐山地区，乐山古称嘉州，在今天的四川省西南部，是古蜀王国的重要一环，史称"开明故治"。所谓"开明故治"，见于北魏郦道元的《水经注》："南安县治青衣、江会，襟带二水焉。即蜀王开明故治也。"乐山，古称嘉州，比嘉州更早的名字，就是南安。郦老师所说的这段历史，时值春秋之前。

古蜀国历经蚕丛、柏灌、鱼凫、杜宇、开明五个王朝，更新交替，始终偏安一隅，与中原文明隔山相望。

然而蜀人不出世，不代表邻居们对蜀国的土地物产不感兴趣，更何况，这位邻居叫做秦国——著名的领土扩张主义者。

古蜀国还在关着门自己跟自己玩儿，秦国早就手痒痒地准备来打草谷了，只不过蜀道难，难于上青天，秦国一直找不到什么好的机会。

周慎靓王五年（公元前316年），巴、蜀两国相互攻伐，两国的国君呢，居然都跑去向秦国求助。

机会终于来了。

秦王做梦都笑醒了。在大将军司马错的建议下，秦王决定兴兵伐蜀。是年之秋，司马错和张仪（对，就是那位最著名的纵横家、外交家和谋略家）等率军从石牛道伐蜀，与蜀王之师战于葭萌（今四川广元昭化一带）。

蜀王亲自率军至葭萌抵御，结果兵败身死，蜀国灭。随后，司马错和张仪又攻灭苴、巴两国，俘虏巴王。秦王贬蜀王子弟为侯，以陈庄为蜀相，张若为蜀国守。封巴王为"君长"，置巴郡，郡治江州（今四川重庆北）。

蜀王很勇敢，估计武功也不错，否则没有那种亲自上阵的胆气。

可惜他面对的是秦国大军，战国七雄，除秦之外，齐、楚、燕、韩、赵、魏，个个都是实力雄厚的大国，却在秦国大军面前一败涂地。偏安一隅的蜀国，又能怎样呢？

但是，蜀王的勇敢并非没有意义！或许在全军溃败的那一刻，意气风发的蜀王曾泪流满面，但他跃马挥剑，战死到最后一刻的不屈的英姿，仍激励着无数的蜀人。此后的秦武王元年（公元前310年）、秦昭襄王六年（公元前301年），蜀人多次起兵抗秦！

面对蜀人不断起兵抗争，秦国大将军司马错虽调集优势兵力进行镇压，但心中也是无数只"羊驼"奔腾而过。这样的日子即使有"红酒和炸鸡"也难以保持快乐的心情，必须得采取点什么办法才行了。

为了充实蜀地，更为了杜绝蜀人的不断起义，秦国在大将军司马错的建议下，大批迁徙兵卒士民以及囚徒入蜀，主要集中于今乐山一带。此后，更是在蜀中兴武练兵，组建蜀军，向外扩张。

东晋常璩《华阳国志》卷三《蜀志》说，公元前280年，司马错"率巴蜀众万，大船舶万艘，米六百万斛，浮江伐楚，取商于之地为黔中郡"。

在战火日渐消退的日子里，秦楚等国的文化与巴蜀本土文化也开始交流融合。峨眉武术完成了历史上第一次南北大融合。

如果说，战后的秦国徙民充蜀之策，使秦人与蜀人之间的交往还不够深的话，五百多年后，一位传说级的大人物将带领他的两位结义兄弟，和数以万计的士兵再次走进巴蜀。

这个人雄才大略、武艺高强、义薄云天，他的名字叫做刘备。

东汉末年，拥有皇室血统的平民刘备，与关羽、张飞结义桃园，崛起于草莽之间，募兵平定黄巾，以战功获取安喜尉，从一个"副县级"领导干部，在战火纷飞的年代，锐意进取，不断挑战自我，不断困境重生，在一次次逃亡中化蛹为蝶，华丽转身，不但博得了北方霸主、"闪电侠"（因为说他他立刻就到）曹操先生"今天下英雄，惟使君与操耳"的最高赞誉，并且完成了联孙抗曹的大计，挥师入蜀，自立为王，妥妥地撰写了一部完美的励志传奇"从草鞋小贩到大汉君王"。

刘备建立的蜀汉政权延续了四十三年，追随他入蜀的军民来自徐州、豫州、荆州等大江南北，真正将中原文化带入了巴蜀大地。峨眉武术的第二次南北大融合就此实现。

明末，小冰河的天灾和东林清谈误国之士、后金贪婪入侵之敌的人祸，让老迈不堪的大明帝国病入膏肓。崇祯皇帝有心杀敌，无力回天，终于将自己送上了宫廷院子里一棵树的枝条。而李自成、张献忠等义军也到了面对胜利果实大快朵颐的时刻。

崇祯十七年（公元 1644 年），张献忠于四川成都称帝，国号"大西"，全盛时辖四川省大部地区。

顺便说一下，老张兵败离都时带走的金册、金银赏功币等宝物，自 2005 年至 2011 年间，不断在四川彭山江口镇岷江河段中被打捞出水，而彭山在历史上属于嘉州（就是乐山），峨眉武术的发源地。扯远了，先打住，往回说说张献忠建立大西国之后的一些往事。

崇祯十七年八月，一往无前的张献忠攻破成都，当年十月称帝。大西国建立，追随张献忠入川的将士来自山南海北，这些行伍之士大多武技精湛，入川之后，与当地习武之人交流印证，从此将诸多北地武术留传下来。

从卖枣小贩到一国之君，虽然感觉上没有刘备那么传奇，但也是很了不起的一段励志人生了。张献忠显然并不像清朝描绘得那么草包。

大西国王献忠陛下坐上了金銮宝殿，开初也颇有一番想法，他决定"学习先贤"，开科取士。事实证明，中国人的确是有考试情结的，就是这样一个非常草率的，极其不规范的考试，居然也来了许许多多的应考者。通过文章武艺的大比拼，共有一百多人成为了大西国首届科考中榜的进士。

这些进士中的佼佼者名叫张大受，他一路过关斩将，蟾宫折桂，夺取了状元这一光荣称号。张大受中状元时尚未满而立之年，生得一表人才，气宇轩昂，文章武艺，样样精通。

得到了这样的人才，是立国的祥兆啊，群臣纷纷上表为之祝贺，张献忠也极为高兴，特意赐宴赏金，将张大受倚为干城。

但是，有一个问题，很严重的问题。那就是这位打仗很有本事的大西国开国皇帝，在称帝之后，脑子似乎就坏掉了，经常莫名其妙地发昏，而且一发昏就乱整。

对于张大受，张献忠绝对是真爱，所以当张大受来觐见他时，他竟如此对左右说道："这驴养的，老子爱得他紧，一见他心上就更是爱得不得了。咱老子有些怕看见他，你们快些给我把他收拾了，不可叫他再来见咱老子！"

天啦噜！就这么一点爱的表达，左右的武士们毫不犹豫，蜂拥而出，将张大受满门抄斩！

法海他不懂爱，我们不懂张献忠的脑回路。反正我们也不敢去问他，否则弄不好他再来一句："这驴养的，咱老子喜欢做什么事就做什么事，你们再问，就把你们都收拾了，不可再来见老子！"

那么我们也就都得被他给杀了。

总之，当上了皇帝的张献忠不再是那个义薄云天，充满智慧，能征善战的义军统领，他似乎完全变成了另外一个人，没有人知道他在想什么，也没有人知道他为什么拿一个刚刚建立起来的政权开玩笑。

事实上，大西国并没有存在多久，拥兵五十万，设立了百官且占据西南大部的大西国，入川仅仅两年之后，就因张献忠兵败身死而烟消云散。

关于张献忠平生之事，或许完全可以单独写一本厚厚的书，再说下去就跑题了。所以我还是得把话题拉回来，单说张献忠率军入蜀后与清军激战惨烈，战火蔓延之下，巴蜀民众大量伤亡逃遁，以至于在大西灭国之后，蜀地赤野千里。清政府又从两湖、江西等地移民入蜀，为后世造出了"湖广填四川"的名词。

历史上，中原文化与巴蜀文化固然还有多次交流，但秦国灭蜀、刘备建国、张献忠入川，则是里程碑式的南北文化交流融合的重要节点，正是因为有这样大规模的文化交融，才使得峨眉武术具有南北文化均沾的特点。

百度百科的错：超级牛人唐顺之

刚一开篇，小弟我就已经说了，百度百科很重要，但尽信书不如无书，尽信"百度"早晚得被带到沟里去。

就比如百度百科里"峨眉武术"这个词条，短短几百字，错误真不少，前面已经列举，此处就不再赘言。

咱们就单说峨眉武术有史以来最牛的，最高大上的一首诗，《峨眉道人拳歌》。

百度百科中的词条是这样写的：

明朝时人唐顺之先生所著《峨眉七道人拳歌》曰：'浮屠善幻多技能，峨嵋拳术天下奇。'

首先，正版的是《峨眉道人拳歌》，不是什么《峨眉七道人拳歌》。这是峨眉武术，又不是"江南七怪"，也不是"七剑下天山"，打哪儿来了个"七"字呢？词条撰写者到底是咋想的你说？

其次，该词条一共引用了两句诗，结果就错了一半。

百科写的是"浮屠善幻多技能，峨嵋拳术天下奇"，而正版的《峨眉道人拳歌》其实是"浮屠善幻多技能，少林拳法世罕有。道人更自出新奇，乃是深山白猿授"。

顾名思义，那意思就是说，少林拳法当然是很牛的啊，但峨眉道人更是让人耳目一新，因为这峨眉武术可是传说中的白猿所教授的，不是你们这些凡人能够理解的。

您瞧，这一首诗开篇短短二十八个字，就把峨眉武术的来源和江湖地位交代得清清楚楚，这就是大手笔。

我前面说这是峨眉武术有史以来最牛叉的，最高大上的一首诗，绝对没有半点吹牛的意思。因为这首诗的作者是唐顺之，因为这首诗把峨眉武术写"活"了，事实上，没有任何一首诗把世间的武术写得如此传神。

我敢说，即便是杜工部的《观公孙大娘弟子舞剑器行》，单论对武术的感悟和传神描述，也根本就比不上《峨眉道人拳歌》，不信一会我把两首诗放在一起，各位自己可以品评一下。

那位读者大哥说了，于铁成你娃吹牛不打草稿，竟敢说这个"听都没听说过"的唐顺之比"很忙"的杜甫还厉害。

说实话，杜甫号称诗圣，跟我最喜欢的李白老师齐名，当然是古诗歌界的"扛把子"之一，这个江湖地位之崇高，我没有一点点质疑的意思。但是，"听都没听说过"唐顺之，那是对文学不太爱好的人，只要对中国传统文化有点涉猎的人，肯定听过，最多是听多听少的问题。

或许，论写诗，唐顺之和杜甫老师不在同一个频道上，这不是说唐顺之的文学造诣不如杜甫，完全是"桃李各自芬芳"，唐顺之的文学水平之高，在中国传统文学史上是绝对占据一席之地的，只不过他写的主要是散文，不是诗。

清代江南书局精刊本《唐荆川先生集》

并不以诗歌见长的唐顺之，单论《峨眉道人拳歌》和《观公孙大娘弟子舞剑器行》，谁更胜一筹，光我这样说大家或许很难判断，不如等一下自己对比着看一下，自有定论。

其实，"听都没听说过"唐顺之，不怪那位读者大哥，怪只怪中小学教科书里收录了许多莫名其妙的"神人"，却忽略了很多真正的大写的人。唐顺之显然就是大写的人中的一个，他不仅是明朝的一位诗人和文学大家、儒学大师和数学家，更是一位顶天立地的抗倭英雄。

自从峨眉武术近年来成为了国家级非物质文化遗产，逐渐走进了人们的视野，越来越多的喜欢峨眉武术的人听到过这首《峨眉道人拳歌》，但许多人对作者唐顺之还是知之甚少，甚至几年前我还在一次武术年会上听到席间一位"武术家"的"唐顺之是明朝武进士"的奇谈怪论。

请原谅我当时忍不住笑了，但这真的很搞笑，不是吗？唐顺之是明代儒学大师、军事家、散文家、数学家，当然，我最想说的是，他是一位真正的侠之大者，抗倭英雄。但说他是武进士，这个就完全是扯得没边儿了。

唐顺之倒确实是进士，而且是嘉靖八年（公元 1529 年）会试第一的进士，考完试就得授了翰林编修，也就是顶尖的"清流官儿"。

明朝与大唐等推崇武功的朝代不同，尤其讲究"文武殊途""文贵武贱"，甚至在明末一度达到了一二品武官向五六品文官下跪禀事的变态程度。大唐的武状元可以封王，可以当宰相，甚至被皇帝尊称为"尚父"，而明朝的武进士连尊严都难保，所以说人比人，气死人，这是一点法子都没有的事，全怪自己穿越的时候没选对时代。

像唐顺之这种三代文人显贵家庭出身（他的祖父唐贵是进士出

身，任户部给事中；他老爸唐宝也很牛，也是进士出身，先后出任河南信阳府与湖南永州府知府），习武强身自然是可以的，但是要以武为业就未免牵强了。

在明朝对武人的全面压制的风气之下，唐顺之这种清流显贵家庭出身的人，他的人生目标必然是"修文举业"，从童生考试开始，在八股文的大道上一路过关斩将，最终博得个金殿答卷，帝王赐酒，从此翰林院里指点江山、太和殿上挥斥方遒。

这才是他一生的追求，这原本就是他从小立下的志向。在那些少年时代的春花秋月里，唐顺之从未想象过自己有朝一日会成为一名带兵上阵搏杀的将军，更不可能想象自己那柄只作为身份象征的宝剑有一天竟会沾满敌人的鲜血。

在成长的岁月里，唐顺之是按照自己的少年时代的人生目标一步步努力前行的，二十三岁那年他参加了京城会试，文盖群生，荣登榜首，并于嘉靖十二年（公元 1533 年）进入翰林院成为编修。

按照明朝的潜规则，要想成为一名大学士（明太祖朱元璋为加强君权不设宰相，后来的大学士就成为了实际上的宰相），就必须拥有当过翰林的经历，所以翰林编修这样的工作岗位的含金量绝对是顶级的。

然而，少年得意的唐顺之，似乎"官运"在得授翰林编修之后就一路下滑，直奔谷底。

或许是因为唐顺之是一个非常不喜欢"走终南捷径"的人。他的老师（唐顺之那一届的主考官，是考生正儿八经的"恩师"，某种意义上来说是荣辱与共的小伙伴儿）张璁时任礼部尚书兼文渊阁大学士，可谓权倾朝野。更令人吃惊的是，张璁本来是非常赏识唐顺之的，而唐顺之却一而再，再而三地婉拒了张老师的友谊。

我搞不懂唐顺之为什么会这么做。或许是不认同张璁的为官理念？俗话说"道不同不相为谋"嘛！又或许是唐顺之少年得意，对拉关系走后门这种丢人现眼的事嗤之以鼻。不管是什么原因，我们现在反正是搞不清楚了，反正他就是不肯对张老师伸出的橄榄枝欣然接受。

唐顺之年纪轻轻就身居翰林编修这种清贵到极致的高位，又是未来可能出任大学士的"储备干部"，本身就引起了其他一些人的嫉恨，现在看到他与张璁的这种微妙的关系，这些人便找机会对张璁进言，张大人啊，姓唐的那小子搞什么搞嘛，这么高傲，他以为他是谁？不识抬举的东西。我看这小子根本就没把您放在眼里，这种小家伙，您不但不能提拔他，而且一定要给他点苦头吃吃才行，否则怎么得了？

心情复杂的张璁坐下来，一个人想静静，当然谁也不敢问他"静静是谁"。张老师一杯烈酒下肚，心中猛地一跳，这些个谄媚的小人，跑到老夫这里来搬弄是非，想把老夫当枪使，真是作死！不过话说回来，这小唐确实太不落教，你娃娃不仁，那也就别怪老夫不义了！小子，吃老夫一记"送你回家"脚！

于是，唐顺之就这么"被休假"了。接受了莫名其妙的命令，回家玩去。

也不知道这位才高八斗，满腹经纶的唐大才子到底是哪根筋没搭对，没过多久，他居然又干了一件"傻事儿"，这件事是真的不该干的。

什么事？

现在想想也没什么，就是跟小伙伴一起去朝见了太子。

但在当时，这就是顶天的大事！皇帝老子心情一下子就恶劣了！小唐啊小唐，亏得朕当初那么喜欢你的文章，金銮殿上金口玉言表扬你，还赐美酒为你润笔，如今朕还活得好好的呢，你小子就跑去抱太子的大腿了，你想干什么？你说什么？你在休假？不用休假了，你直接退休吧！啥？不到退休年龄？朕是皇帝，我管你那么多！

好吧，这就下岗了。

无官一身轻。唐顺之回到老家，开始潜心钻研学问，并且涉猎射学算学、天文律历、山川地志、兵法战阵以及武术技击，并且向当时的枪法名家杨松学习，还写了另外一首"武术诗"《杨教师枪歌》。在此期间，唐顺之还结识了许多道人，包括那位令他惊艳不已的峨眉道人。

这时，正值倭寇猖獗，屡次进犯苏州、松江、宁波、台州，烧杀抢掠，无恶不作，种种暴行令人发指。日本鬼子，从明朝的时候就是这样让人痛恨的，所以20世纪30年代入侵中国犯下那些滔天罪行，都是有他们的传统的。

嘉靖皇帝命通政使赵文华查办倭寇事宜。历史上赵文华这个人也许是个奸臣佞臣，但不管他的人品如何，总之他做对了一件事，就是立即上书举荐唐顺之复出，以应对倭寇。

就在这个时候，在苏州发生了一件极为令人瞠目的惨事，入侵上岸的倭寇在劫掠沿海民众时，杀死无辜百姓多人，最令人感到悲愤不已的是，倭寇竟将婴儿用刺刀捅死，高高挑起，以此作乐。唐顺之得知倭寇如此的禽兽之行，他心中的怒火奔腾不息，他下定决心，一定要和那些畜生决一死战！

唐顺之复职兵部后，立即与总督胡宗宪共商议讨伐倭寇大计，并认真听取与倭寇交战过的老兵讲述倭寇的作战特点。

在当时，相当一部分沿海明军战斗力低下，经常被人数明显不如己方的敌人压倒性攻击，甚至还发生过数十名倭寇撵着上千名明军将士单方面屠杀的耻辱事件。

这种情况一方面的确属于明军卫所腐败，军官将士兵当做奴仆，不习武，不练兵，遇敌自然没有勇气和能力作战。另一方面，倭寇武器精良，尤其是倭刀十分坚韧锋利，明军的制式刀枪难以抗衡。此外倭寇都是久经战阵，从死人堆里爬出来的，气势也非"名为兵实为奴"的明军军户所能相提并论。

为了在最短的时间内改变这一现状，精通武艺、尤擅枪法的唐顺之决定改革军阵，发明了"鸳鸯伍"。

所谓"鸳鸯伍"，就是不再将二十五人的"队"为基本作战单位，而是改成只有五个人的"伍"。作战时，伍长持牌在最前，一人持狼筅在右紧随，再后并排三人各持长枪，将伍长和狼筅手护在长枪的间隔中。

倭寇惯用的是倭刀，也有些用阔剑，但无论是倭刀还是阔剑，长度都有限，而我们的长枪达一丈八尺，换算过来将近 6 米。而倭刀和阔剑再长也超不过两米，否则就算是双手握持也掌握不了。这样一来，明军的长枪已经戳到了倭寇身上，倭寇却还得再抢进将近 4 米才可能砍到明军。4 米！你当明军是木头人吗？何况还有狼筅可以锁拿倭刀和阔剑，还有刀牌手抵挡，倭寇在这种情况下还想吹牛说自己不可战胜？我呸！

创造了全新的、针对倭寇的战阵，唐顺之亲自率部下海，整顿军纪，积极备战，在三片沙一带与倭寇交战，首战即斩首一百二十级，击沉倭寇兵船一十三艘。大捷传来，明朝沿海军民深受鼓舞。

随即，唐顺之又率副总兵刘显驰，于江北大破倭寇，武艺高超的他亲自持刀上阵与敌人搏杀，血染征袍。

唐顺之常年奔波于海上，从未懈怠，终于不幸染病，却仍然支撑着病体率部与倭寇争战，终在嘉靖三十九年（公元1560年）四月病逝于海船之上，年仅五十四岁。

这样一个人，是不是大写的人？能不能称得上侠之大者？

说完了唐顺之的生平，回过头来，咱再说说为什么有人会把他当成"明朝武进士"呢？

十多年前我曾经在《揭开峨眉武术的神秘面纱》里分析过，大概因为唐顺之是武进（今属江苏常州）人。所谓"武进士"，应该是以讹传讹，武进是地名，"武进人"成"武进士"，应是笔误、口误造成的。这个观点只不过是一家之言，也未必正确。不过后来却有很多"专家学者"都在他们的"专著"里不注明出处地"引用"了我这个观点，我在荣幸之余，只能说，不好意思，如果我错了，你们也就跟着错了。不过因为你们没有跟我打过招呼，就用在了你们的大作里，所以，假如错了，你们也活该。

来，龙门阵接到摆起走。

唐顺之那可是正儿八经的文武双全，学识渊博，对天文、地理、数学、历法、兵法及乐律皆有研究，而且是明中叶重要的散文家，与王慎中、茅坤、归有光等同为明代重要文学流派唐宋派代表。唐顺之的诗句文章实践了自己的主张，文风简雅清深，间用口语，不受形式束缚。他的《峨眉道人拳歌》，便是如此。

这位看官说了，你娃扯东扯西，咋还没有把《峨眉道人拳歌》全文亮出来哦？别急啊哥子，这饭不得一口一口吃嘛？前面都已经交代巴适了，这首诗也就水到渠成了，诸位君子，请您上眼瞧：

峨眉道人拳歌

浮屠善幻多技能，少林拳法世罕有。
道人更自出新奇，乃是深山白猿授。
是日茅堂秋气高，霜薄风微静枯柳。
忽然竖发一顿足，崖石迸裂惊砂走。
去来星女掷灵梭，天矫天魔翻翠袖。
舐啖含沙鬼戏人，髬髵磨牙赞捕兽。
形人自诧我无形，或将跟絓示之肘。
险中呈巧众尽惊，拙里藏机人莫究。
汉京寻橦未觑捷，海国眩人空抖擞。
翻身直指日车停，缩首斜钻针眼透。
百折连腰尽无骨，一撒通身皆是手。
犹言技痒试贾勇，低蹲更作狮子吼。
兴阑顾影却自惜，肯使天机俱泄漏？
余奇未竟已收场，鼻息无声神气守。
道人变化固不测，跳上蒲团如木偶。

惟妙惟肖、身临其境、大气磅礴、酣畅淋漓。

都怪我当年上学时不认真,虽然语文真的是语文老师教的,体育老师他们没有代劳,但我自己没学好,水平有限,实在是找不出更多的语言来形容唐顺之这首诗。

好了,前面我大言不惭地说过,在我看来,《峨眉道人拳歌》完胜杜工部的《观公孙大娘弟子舞剑器行》,估计有很多人都会表示怀疑,所以应该把这两首诗放在一起做个比较,那么,我就请出杜工部的大作吧:

观公孙大娘弟子舞剑器行

大历二年十月十九日,夔府别驾元持宅,见临颍李十二娘舞剑器,壮其蔚跂,问其所师,曰:"余公孙大娘弟子也。"开元三载,余尚童稚,记于郾城观公孙氏,舞剑器浑脱,浏漓顿挫,独出冠时,自高头宜春梨园二伎坊内人洎外供奉,晓是舞者,圣文神武皇帝初,公孙一人而已。玉貌锦衣,况余白首,今兹弟子,亦非盛颜。既辨其由来,知波澜莫二,抚事慷慨,聊为《剑器行》。昔者吴人张旭,善草书帖,数常于邺县见公孙大娘舞西河剑器,自此草书长进,豪荡感激,即公孙可知矣。

  昔有佳人公孙氏,一舞剑器动四方。
  观者如山色沮丧,天地为之久低昂。
  霍如羿射九日落,矫如群帝骖龙翔。
  来如雷霆收震怒,罢如江海凝清光。
  绛唇珠袖两寂寞,晚有弟子传芬芳。
  临颍美人在白帝,妙舞此曲神扬扬。

> 与余问答既有以，感时抚事增惋伤。
> 先帝侍女八千人，公孙剑器初第一。
> 五十年间似反掌，风尘澒洞昏王室。
> 梨园子弟散如烟，女乐余姿映寒日。
> 金粟堆前木已拱，瞿塘石城草萧瑟。
> 玳筵急管曲复终，乐极哀来月东出。
> 老夫不知其所往，足茧荒山转愁疾。

绝对好诗！只不过在我心里，不如《峨眉道人拳歌》。见仁见智吧，本来我也不打算说服谁。

前面说过了，唐顺之罢官归乡之后，与许多道人结为了好友，与之谈文论武，把酒言欢。深秋的一天，唐顺之亲眼目睹了峨眉道人展示的武术，激动不已，挥洒如椽大笔，写下了这首完全写实的《峨眉道人拳歌》。

你看，峨眉道人忽然竖发一顿足，好似崖石迸裂惊砂走。去来宛如星女掷灵梭，夭矫正如天魔翻翠袖！

你瞧，道人翻身直指日车停，缩首斜钻仿佛针眼透。百折连腰尽无骨，一撒通身皆是手！

什么叫画面感啊同学们，这就是啊！

峨眉武术的灵动、神韵，宛若眼前！

这首诗的信息量真的大，绝不仅仅是刻画出了峨眉武术"天下武功，唯快不破"的逼真形象，更证实了峨眉武术的起源"乃是深山白猿授"，"白猿公"司徒玄空这段公案，到此有了最有力的证据。

峨眉武术与唐顺之的缘分，说到这儿就基本上要功德圆满了。

对了，多少有点意犹未尽，好吧，最后再填个"坑"，说说唐顺之的另一首《杨教师枪歌》。

唐顺之"下岗"回家之后，跟当时的武林高手、枪法名家杨松学习枪法，在感念杨松的"神乎其技"之余，也欣然命笔，写下了这首《杨教师枪歌》：

杨教师枪歌

老杨自是关中客，短衣长躯枣红面。
千里随身丈八矛，到处寻人斗轻健。
谓余儒生颇好武，一挥滚滚发雄辩。
坐惊平地起波涛，蠕蠕龙蛇手中现。
拨开双龙分海嬉，攒簇两蛇合穴战。
争先尽教使机关，缩退谁知卖破绽？
目上中眉犹自哂，绵中裹铁哪能见？
满身护著不通风，百步撺来激流电。
飞上落下九点丸，放去收回一条线。
问君何为技至此，使我凭轩神腼眩。
答言少小传授时，五步七步画地践。
迩来操弄三十年，浑身化作枯树干。
心忘却手手忘枪，眼前只见天花旋。
乃知熟处是通神，解牛斫轮安足羡！
因君亦解草书诀，君枪岂让公孙剑？

惟妙惟肖、身临其境、大气磅礴、酣畅淋漓。

那啥，您说这四个关键词我用过了？好吧，我不是说了嘛，打小语文没学好，给语文老师丢人了。不过虽然是用过的，但至少是没有用错。这首《杨教师枪歌》的风格与《峨眉道人拳歌》风格同出一辙，充满着后现代写实与革命浪漫主义……好吧，语文老师别生气，学生词不达意，反正就是点赞的意思。

平生不识陈近南：天地会差点干掉峨眉武术

平生不识陈近南，纵称英雄也枉然。

陈近南，传说为清代一个超级社团天地会（洪门）的开山祖师，带头大哥。现在大家知道陈近南，大多还是托福金庸先生的小说《鹿鼎记》。

其实从小说上熟悉陈近南的人，还不如从电影版《鹿鼎记》上来得多。

我们看看周星驰同学在电影《鹿鼎记》里是怎么形容陈近南的：

所谓平生不见陈近南，便称英雄也枉然。他身高八尺，腰围也是八尺。打出一招九天十地菩萨摇头怕怕霹雳金光雷电掌，那方圆百里之内，不论人畜、虾蟹、跳蚤，全部都化成了飞灰！他这个人行踪不定，飘忽无踪，但是我在街上就曾经见过他半面……

身高八尺，腰围也是八尺！这身材就是四方的了！

其实，陈近南并非金庸先生虚构的人物，而是在历史上确有其人，他就是大明郑成功麾下东宁总制陈永华。

陈永华这个人文武双全，青年时代就已名动四方，二十岁出头就受到了郑成功的青睐，此后还受命辅佐郑成功的接班人郑经。

清康熙十三年（公元1674年），平西王吴三桂领衔演出的"三藩之乱"隆重上映，受联合主演的耿精忠先生邀约，郑经率领大军从海上登陆，向清朝宣战。

郑经之子郑克臧监国，陈永华协助女婿郑克臧总管台湾政务。冯锡范（嗯嗯，这个人在小说和电影上也是有精彩演出的哈）、刘国轩对陈永华十分嫉恨，于是想方设法对他进行诽谤排挤。

康熙十九年（公元1680年）三月，陈永华自请解除兵权，因为忧悒成疾，当年便在台湾病逝了。

可惜啊，现实中的陈永华并没有一个好徒弟韦小宝，所以也并没有什么奇迹发生，既然没有机会跟着鹿鼎公逍遥江湖，所以只能是郁郁而终，让人不由得一声叹息。

和金庸先生描述的一样，历史上的陈永华的确是"反清复明"的，据说天地会"五祖"方大洪、胡德帝、马超兴、蔡德忠、李式开，曾是追随史可法抵抗清兵的将领。史可法壮烈牺牲后，"五祖"转随郑成功，广招反清义士，创建天地会（洪门），以陈永华（化名陈近南）为总军师。

陈近南在湖北时，曾居襄阳城南"白鹤洞"，所以又号"白鹤道人"，借着传道之名，游历四方，联络仁人义士，共襄反清复明大计。不知道有多少人脚底板因此刻上了字，左脚"清明"，右脚"反复"……

说了这么多天地会的旧事，跟峨眉武术有啥关系呢？

您别说，还真有。

十年前，在下读到一篇论文，题目叫做《四川武术与天地会的渊源》，作者是华南师范大学的程大力教授，程先生在武术界是有着鼎鼎大名的人物，也可以说是武术文化业界顶尖的专家学者。像我这样的小草根，对程先生历来都是充满了敬意的。

"四川武术"也好，"天地会"也罢，这两个关键词都让人热血沸腾，作为业界大咖的论文，我是非常虔诚地捧读的，认真学习，深入领会。

读了好几遍，而且是一字一字，从头读到尾。

不过说句绝对不虚伪的话，我感到天旋地转，昏头昏脑，就像挨了一招九天十地菩萨摇头怕怕霹雳金光雷电掌，差点被雷成了飞灰。

当然，这也可能只是因为我道行太浅，所以面对高深的理论就是如此下场，绝不是程老师的问题，毕竟我读微积分也一样天旋地转，昏头昏脑。

《四川武术与天地会的渊源》从天地会的简介写到"传奇大侠赵麻布"的传说，再演绎"刺杀雍正"的故事，最后得出一个让我瞠目结舌的结论："武林所谓的'峨嵋派'（又是嵋，教授，这个字真的是不对的，我不骗你），虽然身世显赫、大名鼎鼎，但基本上仅限于武侠小说中。直到20世纪80年代电影《少林寺》掀起又一次武术热潮，四川武术才非常勉强地接受了这一名称。而所谓'峨嵋派'——即四川武术中，事实上相当部分自称出自少林，并且显然与天地会有着密切关系。"

程老师！您告诉我您是在开玩笑！您不是认真的！！！

如果您是认真的，我只能大哭一场了！

作为教授，学问自然是高的，这个毋庸置疑。而且必然、肯定、绝对，有很多我们这种普通人看不见的途径，为自己的"研究成果"找到答案。按理说，我等草根人士，也是没有资格质疑一二的。

但是——

但是，我突然想起，好像在看到这篇雄文之前，还曾经在媒体上看到过程老师的另一个身份："峨眉派僧门第六代掌门人何伟琪的师弟、体育史博士程大力"！

这就尴尬了！

首先不管峨眉派有没有掌门人，也不管何伟琪是不是僧门的掌门人，但他是僧门的传人，这个应该是明确的。而程大力教授既然是何掌门的师弟，那么必然也是峨眉武术僧门的传人，为何，程老师您现在出来说"根本没有峨眉派"？

我真是太幼稚了！

《鹿鼎记》里多隆被韦小宝"晃点"，满大街高喊"反清复明！反清复明！"多隆是旗人，所以韦小宝说"多隆反清就是反自己"，所以"根本是被人冤枉的！"

程大力教授是"峨眉派僧门第六代掌门人何伟琪的师弟"，却在公开发表的科学论文里说峨眉武术"仅限于武侠小说中"，我甚至怀疑这篇论文是有人冒充程老师写出来的。

疑惑还有很多。

程老师说"今天流传在四川地区的武术，即所谓'峨嵋派'或四川地方武术中，其传说涉及皇犯、钦犯、避难、避祸、刺杀雍正的极多，这绝非偶然。显然说明：其成员因反清复明活动常遭通缉、追杀的天地会，与四川武术有密切关系。"

尽管老师又来了个定语"所谓"——扎心了"老铁"啊——不过对于这段论述，我表示相信。

峨眉山自古远在巴蜀，偏安西南，不但接舆、葛由等绝世高人隐居于此，因各种原因进山避难、避祸的末路豪杰，历朝历代也不乏其人。清朝末年，出家前曾任太平天国翼王石达开记室（秘书）的湛然法师，就在太平天国兵败覆灭后遁入峨眉山，这种就是典型的避祸。

其实，正因为名人高士来往之多，隐姓埋名的豪杰之多，峨眉派武术才融汇释、儒、道三家，吸收了大量来自四川以外的武术流派元素，我相信程老师这段论述是有"实锤"的。

但"皇犯、钦犯、刺杀雍正"，这个是不是不太严肃？老师，我的哥，以前茶馆里说书的是讲过"吕四娘刺杀雍正"，好像梁羽生先生也写过类似的武侠小说，但我对这种无稽的事情是没有半点相信的。

教授又说"经明末农民起义的震荡，再加上清军的屠杀，四川人口在清初锐减，于是有了'湖广填四川'的移民运动。这些沿长江水系溯江河而上的移民中，很多都是天地会成员，于是四川成了天地会活动的主要区域之一。而四川武术的发达,亦与之密切相关。"

袍哥人家的四川，是不是成为天地会活动的主要区域之一，这个且先不论，最起码四川武术或峨眉武术并非起源于清初，更不是"发达"于清初。前面已经说了很多峨眉武术的起源，而且峨眉武术鼎盛由明朝起，《峨眉道人拳歌》也是明朝的事儿，这自然也就跟清朝的"湖广填四川"连"一毛钱"的关系都没有了。

就说"移民运动"吧，战国时期张仪、司马错、都尉墨入川伐巴灭蜀，充实民众于蜀地，这个怎么算？

东汉末年，刘备率徐州、豫州、荆州军民入川建立蜀汉，这个又怎么算？

到"湖广填四川"，这中间跨越了上千年，移民之事大大小小的还发生了不知多少次。要按程老师的说法来，峨眉武术基本上是"湖广填四川"才兴起的,这样岂不是把之前上千年的传承发展搞成一片空白了,讲道理吗?

讲真的,程老师对峨眉武术"仅限于武侠小说中",我是绝对无法接受的,这样的说法,其实就是把峨眉武术直接变成虚无了,实在是说不过去的事。

如果峨眉派是"仅限于武侠小说中"的,那"白猿公"司徒玄空当然也是没有的。好吧,就算司徒玄空是赵晔、李白、杜牧、唐顺之他们历经千年,前仆后继胡编乱造虚构出来的,那还有白云禅师、德源和尚什么的呢?也全都是虚构的?

如果《吴越春秋》《四川武术大全》《中国武术史》的记载全都是胡扯,我也真不知道说什么好了。

总之,假如峨眉派真像程老师说的,是直到20世纪80年代电影《少林寺》掀起了武术热潮,"四川武术才非常勉强地接受了这一名称"的话,那我就会得出下面这个结论:

四川武术原来这么没品位,这么喜欢拾人牙慧,这么趋炎附势。

四川武术真是这样的吗?

程老师在这篇论文中说,"四川僧门武术家,至今很多仍坚决不承认自己是峨嵋派和有什么峨嵋派,只说自己是正宗少林。"

可是四川著名报媒《华西都市报》2003年10月的报道中却明明这样写道:"何伟琪的师弟、体育史博士程大力"针对当时发生的一件武术界比武的事件对媒体称,"打就打,谁怕谁呀?不要说掌门何伟琪,著名武术家、峨眉派僧门泰斗彭元植、侯仲约先生的弟子,闭上眼睛抓一个出来都是好手。"

好吧,我可能是看到了一份假的《华西都市报》!

否则我实在搞不懂"打就打,谁怕谁呀?不要说掌门何伟琪,著名武术家、峨眉派僧门泰斗彭元植、侯仲约先生的弟子,闭上眼睛抓一个出来都是好手",和"四川僧门武术家,至今很多仍坚决不承认自己是峨嵋派和有什么峨嵋派,只说自己是正宗少林"这两段话,居然是同一个人说的。

一篇《四川武术与天地会的渊源》,差点把峨眉武术干掉了,说起来还真是"九天十地菩萨摇头怕怕"。

幸好,江湖上已经没有了陈近南的传说,青木堂主鹿鼎公韦爵爷也带着"一抹多"大小老婆去了通吃岛不再回来。

善哉善哉,幸亏幸亏。

五花八叶：太平天国最后一个秘书

> 一树开五花，
> 五花八叶扶。
> 皎皎峨眉月，
> 光辉满江湖。

大概是从十多年前开始，但凡要提到峨眉武术，不管是真正的"槛内人"，还是专业打酱油的，差不多都能背诵这首诗。我觉得这个问题呢，其实很简单，大白话儿，就像"床前明月光"，朗朗上口，字儿也都认识。

不信你让他背背《峨眉道人拳歌》，别说能背全喽，见到"䶩䶩含沙鬼戏人，髽髽磨牙鱙捕兽"这两句，多半就得抓瞎，两句诗里起码四五个字不认识，还背啥子背？点儿背！

诗很简单。然而写出这首"五花八叶"的人不简单。

这个人虽然没有"身高八尺，腰围也是八尺"的"清奇骨骼"，但却有着极其不凡的人生经历。

他就是太平天国最后一个秘书，翼王石达开的心腹记室，大名何崇政，绰号"何蚂蚁子"。

记室，本是封建王朝体制内的官员名称，最早出现于东汉时期，主要的职责是为"掌章表书记文檄"，东汉以后，这个职务也被称为记室督、记室参军等。

《后汉书·百官志一》如是记载，"记室令史，主上表章，报书记。"

《三国志·魏志·陈琳传》说，"太祖并以琳瑀为司空军谋祭酒，管记室，军国书檄，多琳瑀所作也。"

《魏志》此处所说的"太祖"便是那位"白脸儿"的曹操。

琳就是陈琳。

陈琳，字孔璋，广陵射阳（今天的江苏宝应，还有一说是盐城盐都区大纵湖）人。东汉末年著名文学家，"建安七子"之一。汉灵帝末年，陈琳出任大将军何进的主簿。何进为诛宦官而召四方边将入京城洛阳，这个是天大的昏招儿，陈琳也曾予以谏阻，但何进听不进去，终于事败被杀。董卓进入洛阳后暴虐无道，陈琳避难至冀州，入袁绍幕府。

建安五年（公元 200 年），曹操与袁绍之间的一场"我是老大"选秀大赛总决赛——官渡之战爆发。作为袁绍的"笔杆子"，陈琳作《为袁绍檄豫州文》，就像九天之上猛然砸下来的暴风雨，稀里哗啦地"感谢了"曹操祖宗十八代。

曹操当时老病复发，头疼如裂，什么正事都干不了，只能躺在床上养病。陈琳檄文一到，让人当场一读，曹大哥顿时挥汗如雨，头也不疼了，牙齿也不酸了，腰椎间盘都好了，立马起身到办公室上班。

可惜陈琳檄文写得威风凛凛，偏偏他"老板"袁绍人不如文太不给力，明明占着绝对优势，却被曹大哥虐得满地找牙。等到袁老板一败涂地，陈琳也被曹军给逮着了。

说起来曹操之所以能够成功，绝对不是侥幸使然！对于问候过自己老母老祖母老老祖母的陈琳，他不但没有让人拖下去切碎喂狗，反而根据其才，任命他为司空军师祭酒。

《魏志》记载，"太祖并以琳瑀为司空军谋祭酒"，瑀是阮瑀，也是"建安七子"之一。如果你没有听说过阮瑀，他的儿子你一定不陌生，那就是大名鼎鼎的阮籍。

曹操任命陈琳和阮瑀担任"司空军谋祭酒"，"管记室"，为曹操处理"军国书檄"，其实就相当于是曹董事长的秘书。

何崇政便是石达开的记室，也就是石王爷的秘书。

何秘书是四川名山县人，清咸丰年间生于浦江与名山交界的何家山。

和很多奇人一样，何崇政也曾经做过诡异的梦。少年时代的某一天，他竟然梦见自己蚂蚁附体。

《后汉书·冯衍传上》说过"天下蚁动，社稷颠陨，是忠臣立功之日，志士驰马之秋也。"

所以，少年时代的何崇政绝不会想到自己将来居然会成为一名起义者，那时的他，想做的是朝廷的"忠臣"。

这个奇异的梦，给何崇政带来了"何蚂蚁子"的绰号，也带给了他树立"人生理想"的动力。于是，他四处寻名师访高友，学文习武。天生膂力无穷的他，练就了一身精湛的武术，为人豪侠好义，急人所难，远近少年争相追随。

何崇政天资聪颖，不但精通武术，而且四书五经也不在话下，己酉科便中式考取了秀才。

想做个忠臣，想当个好官，而咸丰年清政府的日益腐败却给了何崇政当头一棒!

苛捐杂税、横征暴敛、敲诈勒索、诬良为盗!

时政怎能如此昏暗?百姓怎能如此遭罪?还有那太平天国,都要撼动北京城里皇上的龙椅了;附近的云南昭通人李永和、蓝朝鼎也揭竿而起了,怎么得了?

何崇政决定跟"领导"好好聊聊。

机会很快就来了。

咸丰六年(公元1856年),府试。何崇政身为考生,在参考时与众学子议论朝政,秉笔直言,针砭时弊。

万万没有想到啊,他自以为对朝廷赤胆忠心,结果迎来的不是"领导重视",而是主考官的四个大字:负分滚蛋!

不过,此时何崇政并没有气馁,他随即献上自己的《平洪杨策》。

嗯嗯,这一次换回来的不再是语言上的羞辱了。知府蔡步钟也给了他四个大字:你懂个屁!然后让差役将这个自以为是的年轻士子剥下裤子打了一顿屁股。

士可杀不可辱!

何崇政简直要暴走了!但是,他还没有死心!

毕竟,少年时代做过蚂蚁附体的异梦。

毕竟,从小就立志成为一代忠臣良将。

于是,他踉踉跄跄离开府衙,直奔前线而去。

走到宜宾,前面遇上了四川提督麾下阜和协(按清军制,四川提督节制四镇,统辖提标三营,兼辖阜和、懋功、马边三协,成都城守等营)副将马天贵率领的兵马。

何崇政当即上前拦住军队高呼"献策",奉上《擒蓝李策》,献上"石马溪设伏之计"。

马天贵一瞧，诶，这小子是搞什么的？穿得破破烂烂的，竟敢拦我的大军，莫非是穷疯了？什么什么，还要搞什么献计？真是马不知脸长，来人呐，给我拿下，打！

无语啊，居然又挨了一顿。

苍天啊，大地啊，是哪位天使姐姐在值班啊，快睁眼看看吧！

终于，何崇政算是被打醒了。

常四爷说过："我爱大清国，我怕它完了，可谁爱我啊？"

何崇政当时的心情是一样一样一样的！

原来自己"爱"的这个朝廷，根本就没有想过吏治清明、百姓安康！

这朝廷，已经烂了！从它的文官武将就能看出来，已经烂透了！

要想根治苛捐杂税、横征暴敛、敲诈勒索、诬良为盗，得走另外一条路。

神逆转就此开始！

何崇政望着鼻孔朝天，牛皮哄哄的马天贵的背影，轻轻地道："就先从你开始吧！"

调转马头，何崇政直奔驻扎在宜宾城边的李永和、蓝朝鼎义军大营。

蓝朝鼎，昭通八仙营人；李永和，昭通洒渔河柳树湾人。两人出身烟帮（为烟贩做保镖，经常被官府欺压勒索甚至打杀），带领的弟兄们也都是胸无点墨的朋友，说白了都是活不下去的人，才走上了杀官造反这条路，哪见过何崇政这种文能考上秀才，武能打死老虎的人才？

对于这位不速之客，蓝李二位头领不禁是喜出望外，热烈欢迎。

您瞧瞧，这待遇，简直就是冰火两重天啊。

何崇政感慨不已，于是决定竭尽全力帮义军搞事情。说起来也简单，老何同志直接把怀里的"擒蓝李策"改为了"擒天贵策"，把敌人和朋友的设置对调一下，设伏地点却完全不需要改变，还是叙府石马溪。

姓马的，你就放马过来吧！

马天贵根本没有想到，自己鞭挞并赶走的那个年轻人，会是他的死神。当他趾高气扬地率部走到石马溪时，四处暴起的义军宛如开了锅的沸水，奔涌而出！

马大将军脸都吓绿了，直接从马上跌了下来，慌里慌张地向人少的地方跑去。谁知何崇政故意"网开一面"的地方，乃是一片水田，泥沼没膝，钻进去就跑不脱。

马天贵陷入水田，叫天天不应，唤地地不灵，被围上来的义军你一刀我一枪的，被弄得来支离破碎不成人形，而他率领的数百清兵此役也被全歼。

出师大捷，一战成名！

何崇政一下子成了义军里的大明星，被蓝李二位头领委以重任，拜"护国军政司"。何崇政见义军大多未经战阵，不通搏击之术，于是亲任教官，教授枪法棍法，义军习武之风大盛，"何蚂蚁子"名噪一时。

加盟义军，首战大捷，但何崇政头脑十分清醒。义军还很弱，闹的动静越大，前来围剿义军的清兵就会越多。阵斩了马天贵和几百清兵，四川总督、巡抚、提督标下还有百倍千倍的人马，光是打消耗，蓝李义军也玩不起。

更何况，义军没有攻城经验和器械，无法拿下城池，给养很快就会出现问题。怎么办？何崇政想到了自己曾经写过的《平洪杨策》。

太平天国，对，太平天国，那是一个令清廷胆寒的威猛存在。联络太平天国，寻求他们的帮助，才能在这个乱世活下去。

何崇政想到了此时正打算入川的，太平天国最勇武的那位"王爷"，翼王石达开。于是，他当即向蓝李二首领建议，"通款洪杨"，联络石达开，并沿岷江北上，直奔嘉定府（乐山），取盐场之利。打仗打的就是钱钱啊，古人早就明白这个道理。

义军依计而行，兵锋直指嘉定府，而何崇政本人，则临危受命，前往广西拜见石达开。

义军摆脱了数万清兵的围追堵截，血战五通桥、犍为等地，攻取盐场，吸引矿工参军等事按下不表，单说何崇政赶往广西，历经千辛万苦，终于见到了翼王石达开。

这石达开乃是人中之杰，十六岁便"被访出山"，十九岁统帅千军万马，二十岁封王，此时也不过而立之年。两人相见恨晚，石达开有意留何崇政为幕僚，何崇政却因不舍蓝李义军而婉拒了石达开的邀请，并相约日后有机会必来追随翼王左右。

得到了石达开守望相助的承诺，何崇政重返蓝李义军，继续随蓝朝鼎四处征战。

此后，蓝李义军转战重庆、绵州（绵阳）、眉州（眉山），先胜后败，面对越来越多的清军围剿，接连失利，蓝朝鼎和李永和也先后壮烈牺牲。

公元1861年底，蓝朝柱等决定率余部离川北上陕西，何崇政则决定留在蜀地，先后转战蒲江、邛崃、大邑等地。

清廷调云南提督胡中和入川，集结大军围剿，何崇政与胡部大战于大邑县城西，终因寡不敌众，兵败而走，投奔石达开。

石达开对何崇政一如既往地青睐，当即将这位知己委任为自己的记室，随其转战川黔滇三省，先后四进四川，终于在清同治二年四月兵不血刃渡过金沙江，突破长江防线。

同治二年五月，石达开率太平军到达大渡河，此时麾下尚有四万余人，对岸也没有清军。

石达开下令多备船筏，次日渡河，谁知命运就在此刻和这位雄才大略的年轻人开了一个恶意的玩笑。

当晚，天降大雨，河水暴涨，无法行船。

大雨一下就是三日，而就在三日后，清军终于赶到对岸布防。太平军多次抢渡不成，粮草用尽，陷入绝境。

四川总督骆秉章素知石达开文韬武略，有王者之风，又闻其贴身记室何崇政有万夫不当之勇，假如强攻，恐怕难以擒杀，于是决定利用石达开体恤部下的性格，以"单人换千军"的条件，逼石达开束手就擒。

其实，今天的我们，实在无法理解石达开当时的想法。

我们只知道，这位太平天国唯一的希望之星，委婉却坚决地拒绝了何崇政的劝阻，一意孤行地回复了骆秉章，同意以自己一死，换取所有部下的安全离开。

于是，四千余翼王部众逃出了生天。

何崇政等两千余人却不肯离开石达开，随他一起进入清营。四川总督骆秉章设计将两千太平军将士缴械，随后开始的是一场武装到牙齿的人对手无寸铁的人的单边屠杀。

石达开眼睁睁地看着这两千名忠心耿耿的部下一个个痛苦地死去，却只能闭上双眼，此时他已无力回天。为了震慑太平军，清廷鹰犬决定凌迟石达开，他们以为石达开会放下自己的尊严，跪地求饶，但他们始终没有等到这一幕。

刽子手出手一千多刀，手软了，冷汗湿透衣衫，石达开从始至终淡然面对，未曾有一声呻吟惨叫，更遑论跪地求饶。这不是我杜撰的玄幻文，也不是太平天国自己的意淫传说，石达开从容就义的情景，记载于他的敌人笔下。对于这样一位英雄，即使是卑鄙的对手，也不敢亵渎。

两千名部下坚守了自己的信念，与他们的王一起直面死亡，毫不退缩。

何崇政却没有死。何崇政并不怕死，但他不想死，也不能死，死很容易，难的是活下去！

逃离清军的魔爪，何崇政与无数先辈一样，选择了遁入峨眉山。

他没有一刻忘记蓝李两位兄弟和石达开的牺牲，更没有一刻忘记为他们复仇。于是，他多次来往于川西、川东等地，结交袍哥人家，图谋再起。可惜，随着翼王的陨落，太平天国早已分崩离析，何崇政四处碰壁之余，终于明白，抗清，在他的有生之年，已不再有可能。

但是，那一团为石达开，为蓝李讨回一个公道的烈火始终在何崇政的胸中熊熊燃烧。这烈火之种，也要永远留存下去。武术可以唤醒那些被欺压的人们，起来抗争。何崇政回到峨眉山，挥三尺青锋，斩万根青丝，皈依佛门，法号湛然。

湛然法师没有忘记自己留下火种的誓言，他放下刀剑，重新拿起笔，写下了《峨眉拳谱》(亦称《拳乘》)，书的开篇，有这样一首小诗："一树开五花，五花八叶扶。皎皎峨眉月，光辉满江湖。"

五花八叶，从此成为峨眉武术的一个概念。

不屈、正义、敢于为国为民捐躯。

这不是为自己脸上贴金，也不是空口白牙说瞎话。数十年后，一群群四川人，一群群峨眉武术的传人，再一次走上沙场，去抗击来自大海另一边的入侵者，不惜抛头颅洒热血。

火种就在四川人的心中，从未熄灭。

五花八叶：争奇斗艳放光华

那么，为什么叫五花八叶呢，这四个字，到底是什么意思呢？

峨眉武术，起源于乐山，但其成长与发展并不限于乐山，千百年间，她已遍布巴蜀大地。正因此，从广义上来说，峨眉武术也就是四川武术，而"五花"，实际上也正是对其传流地域的一个小结（不是总结，时代在变）。

"五花"之一的黄林派，据说得名于峨眉山。相传峨眉山万年寺旁有一位道长，在深山里长期观察群猴互斗以及蛇兽相搏之态，取猴的机灵和蛇的阴柔编入拳法中，创编出以"火龙拳"为主的拳术。后人根据万年寺楹联而命名"黄林派"。

黄林派又有个说法叫黄陵派，有两个说法，一是因成都武侯祠有刘备陵墓（汉昭烈庙），"黄陵"者，"皇陵"也；二是传说此派由四川彭县九峰山黄陵道人传授，据此而名。清朝光绪年间，隆昌人刘松云学得此拳。民国初年，刘松云将此派拳术传成都宋鹬山，钟润生，张海门，钟敬芝等人。至此，黄林派拳术在成都等地广为流传。

"五花"中的青城派，这个简单，就是以位于四川都江堰市的青城山命名。青城山是中国四大道教名山之一，道家历来就有习武养生的传统，峨眉武术在此发展并自成一派，可谓自然。

"五花"中的铁佛派得名于四川巴中通江县铁佛寺，川北一带的峨眉武术传人大多是铁佛派。

"五花"中的青牛和点易派则缘起于重庆丰都和涪陵，历史上重庆也曾属四川，至今也在"巴蜀"这个大概念中。

表过了花，再来说说叶。比起花来，叶就更加具体了。

所谓"八叶"，就是峨眉武术的八大分支：僧、岳、赵、杜、洪、会、字、化。

僧门传说是隋末少林云游僧云昙与峨眉山僧人交流所创，当然，能够考证的东西并不多。但峨眉武术必有僧门，这是毋庸置疑的，毕竟峨眉山是中国四大佛教名山，峨眉武术与佛教的渊源又深得不见底儿。

当然，还有别的说法儿，比如之前咱们提及过的赵麻布。传说清朝中叶，马朝柱（绰号赵麻布）将河南少林拳传入四川（因赵麻布曾在新都授徒，又称"新都僧门"。黎猴子、魏泽云、周玉山学得此技。后人为不忘先师拳法之源，故称"僧门"。

僧门在四川流传甚广，成都、乐山、雅安、南充、绵阳、内江、达州都有渊源，当然还有跟四川分了家的重庆。僧门用拳的多，四川话叫"甩皮坨"，腿法不多见。讲究是擒拿短打，打中有拿，拿中有打，拳法歌诀里有一句"你慌我不慌，来者必遭殃；你忙我不忙，双手护胸膛"，把僧门武术刻画得十分传神，站位不丁不八，尽得僧门妙法。

岳门就是我的师门了，相传是爱国名将岳飞所传，也是典型的北方来的流派。

岳门历史上最有名的人物，当属清朝的张天虎（绰号麻溜张）、钱江和我的师爷爷武志成。

麻溜张是北直隶人，在清朝中期由外地入川，他的弟子刘崇峻在民国时出任过南京国术馆拳法教头。

钱江这个人却很值得写上一笔，这位同门前辈当过太平军的军师，是一个被历史忽略的牛人！据史料记载，在太平军兵败后，钱江只身逃到绵阳的三台县，出家当了道士，后来又辗转到了青城山隐居。

我的师爷爷武志成也不是四川本地人，他是山西平遥的，因为少年时代就擅长拳脚搏击，在平遥就已经很有名气了。清末时，同窗好友赵鸿猷调署四川布政使司，挂提督衔，来到四川上任，特意邀请武志成为伴。到了四川，武志成出任了赵鸿猷的贴身护卫，还兼任武备等职。到民国初年，武志成又辗转到川军担任武术教头，后随第八师师长陈洪范驻乐山，这才有机缘收我师父王旭为徒。

岳门清代及民国时期流传于成都、乐山、雅安、南充、绵阳、内江、达州、宜宾、德阳等地，分中桩和矮桩，四平短马，意气合一，直臂披打。岳门拳法讲究一变三、三合一，出拳软、力在臂，有"不画圆不成拳，敌人手来无法拦"之说，出手时，力量较重，强调靠身打法，多利用五峰六肘之力面对面迎敌。

赵门和岳门一样，也是在清代传入四川的。此门相传是宋太祖赵匡胤所创，其实跟岳门一样，都是后人假托的，找不到什么过硬的证据。反正我是不太相信，岳武穆和赵官家真的开创过这岳门和赵门。说白了也就是后人对英雄的一种认同感和归属感罢了。当然这也无伤大雅，正如各行各业敬奉的祖师爷什么的，又有几个是找得到史官笔墨的？这也并没碍着谁，您说是不是？

言归正传，说回到赵门，清代，杨板雄从陕西三原县入川，传艺给成都人王永志；三原的高占魁（鹞子高三）传给袁家兄弟，袁家兄弟传给西安的张腾蛟，张腾蛟后定居重庆，又收成都等地弟子；赵门跟乐山也颇有渊源，赵门传人、北京德胜镖局镖师李俊 1932 年到乐山，收弟子张凌霄。

赵门分布于成都、乐山、自贡、南充、绵阳、内江、宜宾、等地，套路特点是以腿为主，技击上讲究走中打人，善打"运动战"，躲闪还击、后发制人。

杜门据说是成都郫县人杜官印所传，因为姓杜，因此后人称为杜门。另有一说，杜门是乐山五通桥人苟烂眼（真名不详）传给夹江人黎瞎子（亦无真名）。小弟以为，两位乐山老乡名字如此超凡脱俗，显然都是大隐隐于市井的高人，咳咳，这个这个，作为乐山老乡，又是后辈，我还是不说什么了。

杜门流传于成都、乐山、自贡等地，有歌诀道"磨盘功贯其中，出拳用腿如卷风"，主张先识别对手来路，趁其待发而未发之际，痛下杀招儿，以逸待劳，以静制动。

洪门的鼎鼎大名，很多人耳熟能详。不过，此洪门非彼洪门，或者说，跟那个又叫做天地会的，如今还开花散叶出许多社团的洪门，只是有那么点亲戚关系，并不是一回事。

峨眉武术八大门里的洪门，起源于清顺治年间，郑成功麾下建"金台山"，在军中教习武术，以明太祖朱元璋年号"洪武"的"洪"字为名，后称洪门。

峨眉武术洪门一脉流传于成都、乐山、以及重庆的万州、涪陵等地，分南北二派，南派尤重眼神，讲究神、气、力合身，直打硬上，劲透过身，以力服人，以威取胜。北派讲究四平大马，拳势舒展，边侧进击，发劲含蓄。

会门在四川有三个同名的，除了名字一样，风格特点都各不相同。其中清光绪年间刘姓拳师自江西入川，在重庆北碚狗子洞煤矿谋生，传艺给刘彪魁。此派讲究以攻为主、手翻阴阳、步行八卦，主要流传于内江、大足、合川。

另一支来自民国时重庆人罗正荣（绰号罗大烟棒）和爱徒合川人周玉平，师徒二人迁徙到遂宁，在此传艺，留有会门一脉。此派招式简练朴实，发力出声，讲究头正身直，三步六合，是典型的功力拳。

还有一支流传于雅安，清光绪年间，外省人姓袁和姓曾（均未留下全名）的两位师父传艺给雅安天全县人杨绍清。此派流传于雅安境内，有"吞、吐、封、化、贴"五字诀，"吞为虎猫卧伏，吐如蛇猿出洞，封似千手观音，化似轻烟一缕，贴似炎日骄阳"，其特色从歌诀上可见一斑。

字门跟会门差不多，也是有同名不同派的两支。一支是清道光年间富顺人罗利田所传。罗利田出身武术世家，兄弟行三，因腿部幼年微残，人称罗踒（bāi）三爷。罗利田虽有残疾，却酷爱武术，不但学得家传功夫，并行走江湖拜师访友，博采众家之长，令字门发扬光大。

字门另外一派由清嘉庆年间河南人陈钰传到四川，"字门"拳术没有固定套路，以字取意、一个字就是一种攻防动作，一个字就是一个练功心法。

是不是有点似曾相识的感觉？好吧，再看一遍金庸老师的《侠客行》，你会发现，哇，原来字门是这么厉害的一个存在。那是当然了，名列峨眉武术八大门的，哪有一个是凡品？

最后来说说化门。跟其他各门多由外地入川不同，化门倒是峨眉本土的，清光绪年间，峨眉山僧人释修德法师，传给达县（今达州）人张烈武，张烈武又传给五显庙的张多福（张老道），此后在重庆、达州等地广为流传。

化门重单手，讲究"借力打力"。化者，借力趁势，化险为夷也，擅使"寸劲"。

"五花八叶"，林林总总，其实是很难说全说透了，我用一章来讲，其实也就只是个蜻蜓点水，粗浅地介绍一二，字里行间顾此失彼，说得不到位的地方，还请各位同门前辈多多包涵，有机会咱们单独就"五花八叶"出本书，兴许能说得更周全一些。

巴蜀武术：我们先祖就好这口

上古巴蜀，民风剽悍，阳刚尚武。巴蜀人好习武艺，善于搏杀。《殷契粹编》这样记载，商朝第二十三位国王武丁之妻妇好（妣辛），曾与巴人交战。川西蜀族还非常善于射箭，《铁云藏龟》载："氐（视）蜀射三百。"

周武王对巴蜀民族的英勇善战尤为倚重，特别将巴蜀武士作为阵前先锋，与敌相争。《周本纪》就记载说，在周武王（说实话，此时虽然说是王，但按照当时的人口、土地、物产，差不多也就是个部落，大部落。真正称得上王的，当时只有商王而已）九年（公元前1040年），周部落又在盟津（就是今天的河南孟津东孟县西）齐集了八百诸侯（这些诸侯，估计也就是各种小部落，最小的弄不好也就几百人。话说回来，后世日本战国时期，小村长都能自称诸侯，可见这也没什么大不了的），歃血盟誓，万众一心，讨伐商纣王。

时间过得很快，转眼之间，就到了周武王十一年（公元前1038年）春戌。周部落集结了战车三百辆，虎贲三千人，披甲战士四万五千人，并且汇集了来自蜀、巴、羌、庸、茅、濮、微、卢、彭等国的"兄弟联军",与商纣王的部队激战于殷都的牧野,这就是史上著名的"牧野之战",杀得天昏地暗,血流漂杵,灭商兴周就此一战而决。

这样的灭国之战,惨烈程度可以想象,那可真的是你死我活,不遗余力。而就在这次战役中,巴、蜀两国的参战武士作为先锋斗者,皆阵列于前,可以说是为周武王立下了汗马功劳。

《尚书》如是记载:"武王伐纣实得巴蜀之师,以凌殷人。"

无独有偶,《礼乐祭统》也说:"武王至商郊,巴、蜀勇士前歌后舞,冲杀退回往当先,士气旺盛,数万士卒争先恐后,歌舞持旦。"

怎么,是不是有点奇怪?这儿正打着仗呢,搞什么歌舞?

其实一点都不奇怪,难道各位看官忘记了著名的《秦王破阵舞》(又名《七德舞》)吗?看了那么多描写大唐的影视剧,读了那么多穿越唐朝的网文,一定知道这支由唐太宗李世民(曾以秦王之位搏击天下,公元620年,率部大破叛将刘武周,而做此歌舞以纪念之)亲自指导的大唐皇家版权的宫廷武术操。

《通典》和《唐会要》记载说,《秦王破阵舞》"左圆、右方,先偏、后伍、鱼丽、鹅贯、箕张、翼舒,交错屈伸,首尾回互,往来刺击,以像战阵之形。舞凡三变,每变为四阵,计十二阵,与歌节相应。乐工百二十人,披甲持戟,执纛演习,定名为'七德之舞'。凡宴三品以上的官员及'蛮夷酋长',于玄武门外奏之。擂大鼓,声震百里,气壮山河。后用马军2 000人,引队入场,尤为壮观"。

说白了,《秦王破阵舞》并不是舞蹈,而是实打实的军事会操,而且是骑步兵两大兵种协同,把大唐尚武的精神发挥得淋漓尽致。

巴蜀战舞与《秦王破阵舞》异曲同工。

假如说,《秦王破阵舞》成为宫廷歌舞之后,已经少了很多凛冽杀气,多了几分雍容华贵(就像如今每年央视春晚的武术节目,一群人辗转腾挪、嘿嘿哈哈,看起来也颇有几分阳刚,但要说有什么战意和杀气,那就差强人意了),巴蜀战舞却是两军对垒,阵前展示雄风的军魂之舞,鼓舞士气,震破敌胆。

《华阳国志·巴志》就说:"周武王伐纣,实得巴蜀之师。著乎《尚书》。巴师勇锐,歌舞以凌殷人,前徒倒戈。"

你看,一曲巴蜀战舞,竟然令商朝军队阵前倒戈,这是何等的强大?

厉害了我的舞!

古蜀时期原生的本土技击之术如何演变而来,现在已经无法考证,但在小弟想来,无非与强身狩猎、部落战争脱不了干系。

"物竞天择,适者生存"。古蜀时期,苍茫大地,人兽相杂,为求生存,蜀人必须狩猎,干掉豺狼虎豹,填饱自家肚皮。然而,人与兽相比,孱弱得令你绝望。别说豺狼虎豹了,估计就是跟野狗放对,也得变成对方肚子里的食物。好吧,今天运气好,遇上食草动物比如一只可爱的兔兔,可是你也追不上人家啊。

怎么办?唯一的办法就是强身健体,锻炼呗。

当然,仅仅锻炼是不够的,肱二头肌像柚子那么大,也干不过一头有獠牙的野猪啊，所以还得想想别的主意，比如弄根棒子，再把一头磨尖……

野猪和兔兔都有了，说不定邻居就瞄上了你，甚至河那边的、山那边的陌生人也想来打你的主意。于是战争就不可避免了。

古蜀人的技击之术，不外乎就是在这样漫长的岁月中，一点点形成和发展起来的。千万别以为商周以前的上古人类不懂得武术，他们或许不懂得什么是"腾空摆莲540度"和"旋风脚转体720度接马步"，但"刑天舞干戚，猛志固常在"，早在上古神话中，就已经"操干戚（盾与斧）而舞"了。

古蜀人的原味技击之术曾经为周朝的建立立下了汗马功劳，而在此后秦汉、三国直至明清的无数次南北文化大交流大融合之后，日益丰富，日益精湛。

20世纪80年代，四川省体委（现省体育局前身）牵头，在全省各地市州体育部门成立了武术遗产挖掘整理小组，进行了大规模的武术普查工作，走访民间老拳师数以千计，不仅进行了文字、拍照记录，还将老拳师掌握的优秀武术套路进行了录像。

要知道那个时候是没有智能手机的，连现在的老人机都没有！当然也没有数码相机。摄像机只有电视台才有，并且也笨重不堪，功能较差。所以拍照、录像等工作在如今"人人都是摄影师"的年代看起来似乎完全不值一提，而在当时却相当了不得的举动了。1983年，省体委特意还邀请了一批具有一定文化，传承脉络清晰，又有一定代表性的拳师直接参与省上的挖掘整理工作。我的师父王旭先生就在受邀请之列。

那一年，我的师父王旭先生67岁，正在乐山市体委担任武术教练。接到四川省武术遗产挖掘整理小组发出的邀请函，他背起行囊，携带了师门几代人传承到他手上的七星宝剑和几卷古拳谱，前往成都加入武术挖整工作。

八十年代初的这一次四川武术遗产挖掘整理可谓功德无量，一共收集了1 093个徒手套路，518个器械套路，41个对练套路，276个练功方法和14个技击项目。可以说，正是这一次挖整，才基本摸清了四川武术的家底。

除了"五花八叶"，僧、岳、赵、杜、洪、会、字、化这"八大派别"，还有孙门、生门、弦虎门、子午门、盘破门等诸多分支，可谓百花争艳，蔚为大观。

更加功德无量的是，武术遗产挖掘整理小组最终将挖整成果整理汇编成为《四川武术大全》，将四川境内68个拳种和门派的源流、风格特点、基本理论（拳理）、主要套路和练功方法、流传区域全部收纳，并且梳理确认了各拳种、门派的主要创始人、传承人。

所以，今天如果有人跑出来告诉你，他是峨眉武术某某派的传承人，OK，翻开《四川武术大全》，看看他说的那些东西有没有来源，再对照对照他说的"师承"在不在里面，真伪立分！

《四川武术大全》于1989年由四川体育运动委员会、四川省武术遗产挖整组汇编，四川科学技术出版社出版，这是一部最权威、最值得采信的"峨眉武术百科全书"，没有之一。

《四川武术大全》封面

在此，我谨以一名峨眉武术后辈的感激之心，向那些历经风霜雪雨、酷暑寒冬而编撰此书的体育工作者，向那些仍健在的和已经离开我们的四川老拳师们深深致敬。

光芒挡不住：不出门的峨眉派

天下武功出少林。

峨眉武术不出门。

这是传统武术的一句老话。其实只要是老话，一般都是真的。

《战国策·秦策一》说，巴蜀"田肥美，民殷富，战车万乘，奋击百万，沃野千里，蓄积饶多，地势形便，此所谓天府"。

天府之国，美则美哉，却有险峻难达。正所谓"尔来四万八千岁，不与秦塞通人烟。西当太白有鸟道，可以横绝峨眉巅。地崩山摧壮士死，然后天梯石栈相钩连。上有六龙回日之高标，下有冲波逆折之回川。黄鹤之飞尚不得过，猿猱欲度愁攀援。"

还真是"不出门"，或者说"出不了门"！

哥子你想想，那黄鹤都飞不进去，猿猴都发愁怎么上山，也就难怪"不与秦塞通人烟"了。既然如此，峨眉武术也就难免成为藏在深闺人未识的少女，不会像少林武术那样的勇武汉子，袒露胸膛，云游四方。

或许，正因为如此，峨眉武术的开山鼻祖才会被人说成郭襄，峨眉武术表演才会被人当成少林功夫，偶然的结果，往往也有着必然的因素。

"不出门"，还不仅仅是因为山高水深，雄关闭锁。峨眉武术之所以在相当一段历史时期罕为人知，还因为她是以言传身教、口耳相传的方式代代传承，很少会用文字去记载。所以这个世界上真的没有多少"武林秘籍"，所以一部南宋的《峨眉拳术》、一部晚清的《拳乘》才会那么稀罕，堪称国宝，尚且至今不知所踪。

巴蜀虽在西南一隅，却难偏安，早在战国时便免不了被秦国入侵，此后战火也从未停息，以至于那些难得的武术竹简典籍、手抄纸页也早已在战火中化为灰烬。待到上个世纪几经文化磨难，偶尔残存的几页"秘籍"也作为"四旧"烟消云散，以至于四川究竟有几家武术流派，有哪些曾经风云际会的高人，也众说纷纭，鲜为人知。

幸亏有了八十年代那一次的武术遗产挖掘整理，一缕缕历史的尘埃拭净，一层层神秘的面纱揭开。终于，那些让人惊讶不已的往事，那些让人热血沸腾的传说，渐渐浮现眼前，渐渐清晰可辨。

五花八叶，浩若繁星，峨眉武术就像一棵参天大树，枝叶如云，郁郁葱葱。那些让人熟悉而又陌生的名字下面，都有着绝不平凡的故事。

岳门武志成、孙门孙楚南、生门金授云、僧门马朝柱、杜门杜官印、洪门李国操、会门刘彪魁，还有黄林派的刘松云、余家拳的余发斋、松溪内家拳的陈晓东……前辈高人，难以尽数。

这些武林前辈，武艺高强，武德可敬，他们的故事令人神往。

抗战时期，外省武术名家也纷纷走进巴蜀，杜心五、孙禄堂、郑怀贤、万籁声等大名鼎鼎的国术终极人物在川传授武艺，遗泽后辈。

或许是因为本土强悍基因的神秘元素，或许是南北文化大融合的融会贯通，又或许是兼而有之，使得峨眉武术形成了自己地域色彩浓郁的独特风格。而人们熟悉的"五花八叶"之外，还有许许多多的分支流派，特色鲜明，闪亮如星。

清朝末年，峨眉山释太空、释神灯二位禅师和福音子道长先后与少林、武当好友切磋交流之后，创编传授后世的"子午门"，流传于乐山和重庆，强调"拳凭功充其力，功凭拳以致用"，对正中心守一线，五法合一脚不乱，以巧取胜，不招不架，半渡而击，后发制人。

流传于重庆、内江、自贡等地的"余家拳"，突出攻防连法，以攻为主，拳架低矮，直进疾退，手法严密，技击时多以"云手"扰乱敌人视线，变幻中突然发招，令人防不胜防。

流传于都江堰等地的"青城派"，颇有几分北派武术的神韵，大开大合，重拳重腿，有诗赞曰："拳似春霆变多端，腿似风轮肘如鞭。身似棉条步稳固，大开大合全神注。神鬼莫测手眼随，勇疾狠准手无情。"

如今游客十分喜爱的旅游胜地西昌、冕宁，传有钱家"弦虎门"，行似游龙，发如猛虎，拧腰切胯，步稳法毒，蓄而不露，变化多端，门派至今传承有序。

流传于成都、内江、南充等地的"蚕闭门"，功架紧凑，缠化脆沉，进退滚跌，偷点伶俐。脚踩不丁不八，配合长桥满弓的身法，手法有缠、斗、挂、提、领、翻、勾、梭、砍，宛如春蚕吐丝，缠缠绕绕，绵绵不绝，举手七发，一发三响。

流传于成都、乐山、雅安等地的"孙门"，靠身短打，滚转刁巧，灵敏如猿，讲究阴阳开合，攻防齐出，全神贯注，俯仰吞吐。有歌诀点明"孙门"特色"有阴无阳眼必花，有阳无阴乱如麻。学者欲知阴阳窍，将手腾空总不差。有浮无沉力不平，有沉无浮式不明。高低只在寻虚处，双手不如单手灵。"

又有传于成都、南充等地的"松溪内家拳"；雅安、乐山等地的"绿林派"；内江、自贡一带的"盘破门"；什邡、三台一带的"方门"；流传于重庆各地的"向门""罗门"……连同"五花八叶"，一共68个拳种和门派，蔚为大观，争奇斗艳，各领风骚。

练拳不练功，到老一场空。

峨眉武术尤重功法。"盘功""桩子""批打""内功"，四门功课，样样齐全。

"盘功"指的是柔韧性的锻炼。通过锻炼，让全身骨骼肌肉关节筋络"如水如绸"，正所谓"百折连腰尽无骨"（明·唐顺之《峨眉道人拳歌》）。练功时，包括颈部、肩部、手肘、手腕、腰部、胯部、踝关节，都不能遗漏，最终达到"口含鞋尖，额贴脚背，折腰搭桥，单脚擎天"，方为"功成"。

"桩子"顾名思义，其实就是给身体打基础，激发潜能，提升素质。比如，在规定的时间内（如一炷香的时间），完成"骑马桩""弓箭桩""含机桩"等；也有的借助他物体，锻炼身体平衡性，协调性，比如"独木桩""梅花桩""踩软绳""踩锅边"等。

"批打（也作披打）"，是外练筋骨皮，提升人体抗击打能力。一般设有"草人桩""三角桩""吊沙袋""扭竹千""拉滑车""滚沙筒""批铅板"来练力，练劲，并从实战出发，采取攻守拳法，锻炼拳、掌、腿、胯以及"五峰"、"六肘"各部，目的在于将来实战时身体处处为刀矛，面面为锋刃。此外，也有打"千层纸"以及"手臂傍柱"等习练之法。

"内功"是每一门武术都孜孜追求的终极目标，因为仅仅"外练筋骨皮"，难免少年得意，老年反噬。只有"内练一口气"，方能延年益寿，松柏常青。峨眉武术又有歌诀曰"打拳不装筒子，必定是个空子（外行）"，就是说，只练外表，不练瓢子（四川话指身体内部），就是"假打"的。

峨眉武术的"内功"，还是四门功课：南、填、静、气。

所谓"南"，即"南宫"，内功的顶尖存在，仅见于传说之中。

所谓"填"，就是通过外练与呼吸吐纳相结合，填补或增强身体的某一部位的力量和承受能力，如"金钟罩、铁布衫"，又如"铁砂掌"。

所谓"静"，即内练养生，调息吐纳，心如止水，不起波澜。静养，在我的师父王旭先生看来，即是调养和冥想相结合，排除杂念，追求忘我浑一之境。在我写下这篇小白文的时候，我的师父已经是100岁高龄了，数十年以"静"养生，至此依然思维敏捷，记忆过人，可背诵《桃花源记》《醉翁亭记》等名篇，一字不差，而且自己也能握笔题诗。静之所成，可见一斑。

所谓"气"，动静相生，内升素质，外强体表，以气导引，循环不息，最终提升境界。

峨眉武术，拳种繁复，门派不一，功法取舍各异，但也有着鲜明的共同点，那就是讲究内外双修，神形合一。

纵观峨眉武术各支各派，有高桩，有中桩，有矮桩；有满手，有半手；有人主刚，有人主柔；有的多拳少腿，有的拳腿并重。看似各行其道，但在手法上却同出一辙，都强调"掌不离腮，肘不离怀，紧骤机灵，圆转多变"。

峨眉武术各支各派拳法万千，各有妙招，但不管如何变化，步法都讲究"进如追风，退如避火，起伏转折，难于捉摸"。

"劲力"追求"似柔非柔"，谓之"绵"；"似刚非刚"谓之"脆"，此二字，乃峨眉武术核心内涵，各位亲，哥们儿这里是一点都没有藏私，古人说"宁与千金，不传法门"，今天是一金不取，尽报君知，诚意如此，还请多多点赞。

好吧，作者说人话：请各位赶紧到微信朋友圈里分享分享这本书，通知没买的亲朋好友赶紧上书店。

发祥地：源于仙山云深处

峨眉武术，起源于上古蜀人与自然斗争，与外敌斗争的生存所需，成长于南北文化大交流，大融合。"峨眉八大门"大多由外埠入川，再经四川本土恣意汲取，兼收并蓄，终于形成了自己独到的武术。

那么，峨眉武术的发源地乐山，自古以来，武术发展到底是个啥子情况呢？

乐山，古称嘉州，因宋人邵博"天下山水之观在蜀，蜀之胜曰嘉州"而名扬四海。嘉州历史久远，为古蜀王"开明故治"，因在成都以南，又名南安，汉代归犍为郡，北周时置嘉州，取"郡土嘉美"之意。

杨坚建立隋朝，大军从成都乘船向南安进军，追击陈国溃败残兵，岷江中有游龙为隋军导航，隋文帝杨坚为之动容，特地将南安更名为龙游。

到了唐代，此地又更名为嘉州，且于大唐朝中期，由海通法师发起，两任剑南西川节度使章仇兼琼和韦皋积极响应，历时九十年，开凿了嘉州凌云寺大弥勒石像（即闻名于世的乐山大佛），至今名扬四海。

两宋时，朝廷改嘉州为嘉定府，元代又改为嘉定路，明代则改为嘉定州，清代升嘉定州为嘉定府，并在府治置乐山县，取"城西南五里有'至乐山'"为名，改名为乐山，沿用至今。

乐山的历史，是一部绝对旖旎，绝对有内涵，绝对精彩的书，所以，小弟在这儿也给美丽的乐山做个小广告：欢迎大家前来旅游，瞻仰世界上最大的弥勒坐像；朝拜海拔三千米之上的普贤菩萨金身；乘坐世界上唯一还在运行的工业革命活化石窄轨蒸汽小火车；俗话说吃在四川、味在乐山，你还可以来各种吃。当然，你还可以来亲身体验峨眉武术。

峨眉山，位于乐山西北，是中国"四大佛教名山"之一，亦是中国道教第七洞天，雄奇妖娆，风景秀丽，云鬟凝翠，鬓黛遥妆，素有"峨眉天下秀"之称。

峨眉武术之所以叫峨眉武术，自然是因为峨眉山。

而峨眉山上，自古以来道教佛教兴盛不衰，据史书明文记载，与孔子同时代的"楚狂人"陆通，就已经隐居峨眉山，食桂栌食，服黄精子，养生求道。

"我本楚狂人，凤歌笑孔丘"，大家对这句话耳熟能详，因为出自诗仙李白。不过，对于"楚狂人"到底是怎么回事，可能不甚了了。

陆通，字接舆，春秋时楚国人。东汉皇甫谧的《高士传》说，"楚昭王时政令无常，陆通乃佯狂不仕，时人称为楚狂。孔予适楚，楚狂接舆迎其门曰：'凤兮凤兮，何如德之衰也'。孔子欲与之言，通趋而避之。楚王闻其贤，遣使持金百镒，车马二驷往聘之，通不应；使者去，通妻从市来曰：'先生少而为义，岂老违之哉？门外车迹何深也！妾事先生穷耕以自食，亲织以为衣，食饱衣暖，其乐自足矣！不如去之'。于是夫妻变名易姓，隐蜀峨眉山，寿数百岁。"

接舆用一首深情的歌曲,"直播"了孔子是"官儿迷"的真相,又拒绝了楚王的热情招聘,自然也就成了闻名楚国的"网红"。不过,接舆的妻子觉得老公这样做太高调了,万一楚王心里不爽,当然主要是万一女粉丝跑来求见面什么的,该多让人费心啊。算了,还是别在楚国玩了。

接舆倒是没有沉迷于"网红"的迷醉状态,他愉快地接受了妻子的建议,夫妻二人直奔峨眉山,寄情于山水之间,习武养生,都寿满百岁,并且被后世尊为道教大仙。

峨眉武术,最讲养生,陆通接舆的故事完美诠释了峨眉武术的养生内涵。在平均寿命为三十一岁的春秋时期,活满百岁是什么概念?也正因为如此,自古以来,都有许许多多的人,从天涯海角来到峨眉山,寻求神秘的峨眉养生功,这其中甚至有一位超级明星,他就是中国人的祖先轩辕黄帝。

宋张君房《云笈七籤》说:"今传灵宝经者,则是天真皇人于峨眉山授于轩辕黄帝。"今天峨眉山报国寺仍存宋太宗赵广义御题楹联"天真皇人论道之地,楚狂接舆隐逸之乡"。天真皇人即道教之祖老子李耳,在峨眉山与黄帝论道,授黄帝养生妙法。

天真皇人对黄帝说了什么,我们没有福分在一边旁听,当然也就不得其详,不过这里有一段养生功法,据说是天真皇人传于黄帝的,各位不妨一观:

"自两眼角收心一处,收到两眼中间,以一身心神,尽收此处,眼常在此处,寂然不动,自此处观鼻尖,任鼻呼吸,调息绵绵,若存若亡,不假功夫,真息自调。"

以此法而调息吐纳,其效果如何,不得而知。如果有时间,我倒是准备尝试一下,有感兴趣的朋友,欢迎来乐山我们大家一起讨论。

> 峨眉武术世间奇，
>
> 源于仙山云深处。

天真皇人（老子李耳）在峨眉山授道轩辕黄帝，可信吗？这位小哥儿说了，你这段儿描写看上去实在是太玄幻了，莫非是给某点写修仙小说，把脑子弄糊涂了。

咳咳，兄弟，你想多了。

且看正史，北齐皇家钦定史官所撰《魏书·释老志》说："道家之源，出于老子，其自言也，先天地生，以资万类。上处玉京，为神王之宗；下在紫微，为飞仙之主。千变万化，有德不德，随感应物，厥迹无常。授轩辕于峨眉，教帝誉于牧德。"

由此可见，赵光义的"天真皇人论道之地，楚狂接舆隐逸之乡"御赐楹联是绝对的有出处，人家赵总的职业毕竟是皇帝，拿不准的典故怎么可能随便乱用，还写下来传之后世，要是出了糗，岂不是贻笑万年？

自天真皇人授道，到东汉张鲁设立峨眉治，道教日益兴盛。到唐代，名人逸士到峨眉山寻道隐居之风趋于顶峰。李白好友、大唐巨星级道士吴筠就曾在峨眉山隐居。开元年间，峨眉山又出了个王仙卿，也是名噪一时。清代王昶《金石萃编·张尊师探玄碑》载，开元十四年（公元746年），唐玄宗"命道门诸大德以进……峨眉王仙卿、青城赵仙甫……至东都，有司备礼，冠盖纷然，望者以为神仙之会"。

宋代之前，道教之盛，不仅局限于峨眉山，就连乐山大佛所在的凌云山、城区内的高标山，都是香火旺盛。凌云九峰，均以道教术语命名，如灵宝峰、祝融峰、栖鸾峰、丹霞峰……而高标山（山名出自于李白《蜀道难》"上有六龙回日之高标,下有冲波逆折之回川")更曾是道教胜地,山巅的老霄顶,唐宋之时建有万寿观和神霄玉清宫,下设火神庙,供奉祝融和开明王。

峨眉(乐山)道士,自唐代起,已经不再像他们的前辈那样炼丹服药,而是修持内功,呼吸吐纳,养生炼气,至明代达到巅峰,以至于涌现出令唐顺之拍案叫绝,特意赋诗以记之的"险中呈巧众尽惊,拙里藏机人莫究"的高手高手高高手——"峨眉道人"。

春山古寺绕沧波,石磴盘空鸟道过。
百丈金身开翠壁,万龛灯焰隔烟萝。
云生客到侵衣湿,花落僧禅覆地多。
不与方袍同结社,下归尘世竟如何。

说起乐山,就不得不提到乐山大佛。

如果说唐代诗人司空曙的这首将乐山大佛原貌刻画得"栩栩如生"的《题凌云寺》诗还略显生僻,那么一部电影《神秘的大佛》则更加令人耳熟能详。

1981年,四川人张华勋执导、四川人刘晓庆主演的新中国第一部"武打片"《神秘的大佛》全国公映。这部现在看起来剧情相当一般的"盗墓笔记类"电影,在当时可谓家喻户晓,观众如潮。整个摄制成本不到二十万,却卖出了近三百个拷贝,上座率之高可谓空前。唯一能和它媲美的,只有第二年(1982年)上映、捧出了功夫巨星李连杰、掀起了全国武术热潮的《少林寺》。

《神秘的大佛》里的武术不乏拳脚器械,最令人印象深刻的当然是女主角梦婕的软鞭,大反派沙舵爷的铁胆。

这部电影的武术指导赵长军是从1978年到1987年连续10年蝉联全国武术男子全能冠军的牛人，后来还主演过红极一时的功夫电影《武当》。

《神秘的大佛》让许许多多的人知道了西南小城乐山，正如《少林寺》公映之后，许许多多少年踏上了去登封拜师学武的列车。

2002年，我第一次来到乐山之前，对乐山的了解，同样也是来自这部几十年前的电影。

或许，佛与峨眉武术的缘分就是如此深刻。

乐山大佛建于唐代，而峨眉山佛教之兴，也是自唐代而起。现在人说起峨眉山最早出现佛教的时间大多会指向东晋，但真正兴盛，要从唐代僖宗朝的释慧通法师开启。

《古今图书集成·方舆汇编·山川典·峨眉山部》说："唐僖宗间，高僧慧通驻锡，闻道朝廷，敕建永明华藏寺。并赐无缝衣、玉环、供器，沧桑无存。弘建普贤、延福、中峰、华严四刹。以山相火，易二水三云抑之。继席祖廷，位列传灯，承碌、义钦、黑水、昙振、洞溪、广悟前后七代，悉宗风大振，故古今称峨眉祖堂。"慧通师也被世人称为"开山僧"，经他苦心经营，峨眉山佛教就此大兴。

此后，峨眉山又经唐宪宗敕封"大清凉国师"的"七帝门师"释澄观法师等人的推动，确立了"普贤道场"的佛教尊崇地位。

峨眉仙山法传四方，乐山大佛坐揽三江。

由唐及宋，峨眉山佛教昌盛，门下僧人参禅悟道之余，不免习武强身，甚至化身"金刚护法""摧伏外道、击败邪魔"。

唐懿宗咸通十年（公元869年），南诏骠信酋龙率军围攻成都，秘密分军，越过雪岭之坡，占领沐源川（今乐山沐川县）、犍为（今乐山犍为县），纵兵焚掠陵（今眉山仁寿县）、荣（今自贡荣县）二州之境，并于数日后攻陷嘉州，屯兵凌云寺。

凌云寺武僧奋起反抗，并加入嘉州守将窦滂、苗全绪、安再荣部，抗击入侵的南诏军。此后，东西两川节度使合兵来援，击退南诏。

峨眉武术的至宝：十二庄传奇

峨眉武术洋洋大观，有1 093个徒手套路，518个器械套路，41个对练套路，276个练功方法，这么多功夫，哪一个最厉害？

猴拳？蛇拳？螳螂拳？

非也，非也。

倚天剑？屠龙刀？

大哥，咱别胡扯了好吗？

九阴真经？

嗯嗯，说到内功心法，这个倒还靠点谱。不过峨眉武术毕竟不是金庸先生小说的那个峨眉派，所以没有啥子九阴真经。

没有九阴真经不代表峨眉武术没有顶尖的功法，事实上，这个功法甚至可以说是人类健康的终极瑰宝，只是至今还没有人能够完全破译。

这就是峨眉十二庄功。

作为峨眉武术的精华至宝，我觉得，实在是太有必要单独为它开上一篇了。

南宋高宗建炎元年（公元1127年），峨眉山临济宗的释白云法师，摒弃门户之见，融合佛道医三家之长，运用中医之阴阳虚实，人体盛衰之机理，结合前人武学中的动静功法，创编"峨眉气桩功"共十二节，后称"峨眉十二庄功"。

说起来这门功法没有失传也算是运气好，白云禅师开创了"峨眉十二庄"，大概并没有想过要完成"拯救地球，维护人类和平"的光荣使命，所以也没有留下一本"如来神掌"那样的秘籍传给某个"骨骼清奇"的后辈，所以竟是以"口耳相传"的方式，一代一代传承了下来。大概也正是因为这种极其不科学的传承方式使然，数百年间，习得"峨眉十二庄功"的人，着实不多。

却说这"峨眉十二庄功"历经数百年，传至民国之初，就传到了峨眉山上的一位高僧，释永严法师手上。永严法师驻锡峨眉山中，参禅修行，深谙此功法。按照历史原本的轨迹，或许在某一个日子里，法师他老人家发现一位后辈僧人，再将这门奇妙的内功心法传授与他，延续香火。

但是，"峨眉十二庄"的历史轨迹，却在1939年这一年有了一个神奇的转折。

这一年，有个叫周潜川的人，患了一场大病。这病说起来是相当之严重，周家请来了当时多位名医，各种方子都用尽了，却是一点效果都没有。

自幼习武、身强体壮的周潜川竟到了卧床不起的地步。就在这时，有人对他说，峨眉山上的永严法师，乃是一位了不得的杏林妙手，曾经医好了当地许多患者的疑难之症。眼看着已经没有什么生机的周潜川，决定最后一搏，于是强支病体，在家人护送下前往峨眉山求治。

并没有什么"程门立雪"一类的桥段，永严法师并未有任何迟疑和推诿，而是立刻让周潜川住了下来，每日以中医汤药针石相济，辅以峨眉武术内功，潜心救治，居然很快见效，不出数月，就将周潜川彻底治愈。

周潜川此时或许根本没有想到，自己与永严法师的相见，注定使他成为峨眉武术内功心法一代大师。

这一年，周潜川只有31岁，正值而立之年。他的祖籍是四川的威远县，但家族早已经搬迁到成都，在当地是有名的书香世家。所以，幼年的潜川同学就已熟读经史，并且也跟当地拳师学习武术。他少年时代进了当地的教会学校，专业是学医的。当然，跟着金发碧眼高鼻梁的传教士，学的是西医。与此同时，他也掌握了拉丁文和英文。

生活在一个战火纷飞的年代，周潜川和许多心怀报国之志的年轻人一样，也选择了投笔从戎，因为自己的一技之长，成为了一名医护兵。

周潜川自己家庭条件不错，女朋友也是位"白富美"。结婚之后，老丈人还资助了他一笔钱，让他继续完成学业。于是，周潜川在退役后进入国立武汉大学学习，并且获取了公款赴英学习军工化学的机会。

回国后，周潜川原本想学以致用，万万没有想到自己会生一场大病，诸多医界名家束手无策，几乎让他丢了性命。这一回幸亏见到了永严法师，捡回了一条性命。自幼钟爱国学和医学的周潜川，感激之余，对神奇的峨眉武术内功极其向往，于是萌生了拜师的念头。

永严法师对这位颇有学识见地的年轻人也甚为青睐，于是收下了这个弟子，并将"峨眉十二庄功"衣钵一生所得黄岐之术尽传周潜川，并赠法号"镇健居士"。

周潜川跟随永严法师修习峨眉武术经年，发下"光大峨眉武医，治病救人"的宏愿，负笈下山，游历贡嘎、青城、武当诸山，遍访民间宿医与精谙医术之僧道，获益良多。前面说过，周潜川本出身中产之家，妻子一门也颇有资财，即便如此，还是为辩证求学，而尽耗家资，可见做这些事是很烧钱的。

周潜川可谓是天资聪颖之才，并且又有西医的根底，懂得西方文化，加之永严法师倾囊相授，再有多方游历见识，既得佛家真传，又旁通儒道两教；既有留学海外的经历和西方近代实证科学的熏陶，又能坚持东方传统文化的韵味，终于在武、医两道获得大成就。

抗战结束后，周潜川大师悬壶上海，并在沪上遇到释巨赞法师，遂将"峨眉十二庄功"传与巨赞法师，让这门峨眉武术的经典之术"回哺"佛门。

与周潜川同岁的巨赞法师敏而好学，博闻强记。他洞达世学，博通三藏，对先秦诸子，宋明理学，以至于科学哲学，莫不涉猎，通达英、日、德、俄诸国文字，是大智慧、大觉悟之人，并且有着一腔热血。

抗战爆发，国难当头，身为僧人，却绝不龟缩于空门之中苟且偷安。巨赞法师振袂而起，毅然奔走于福建、香港、广东、湖南等地，组织佛教徒参加抗日救国活动。

1938年，他应邀去湖南南岳华严研究社讲学，经田汉介绍，结识了后来成为中国人民解放军十大元帅之一的叶剑英。在叶剑英的鼓励下，1939年秋，巨赞法师于圣化寺成立"南岳佛道教救难协会"，此后又组建佛教青年服务团奔赴长沙，在街头广泛开展抗日宣传活动，受到八路军驻湘办事处代表徐特立接见。

中华人民共和国成立后，巨赞法师始终爱国弘法，虽历经"文革"磨难而百折不回，后来还担任了中国佛教协会副会长、中国佛学院副院长。1984年4月7日，一生爱国弘法的巨赞法师功德圆满，在北京圆寂。

而殊为可惜的是，将"峨眉十二庄功"传与巨赞法师的周潜川先生，却早在十年浩劫之前即蒙冤入狱，并于1971年病逝于狱中，直到十一届三中全会之后，才得以平反昭雪。

周先生的不幸故去，可以说是峨眉武术的巨大损失。这一损失，甚至是无可弥补的。周先生的早逝，使得"峨眉十二庄功"中的养生治病之谜未能完全破解，并且至今没有人能够找到它的正确打开方式，以至于这一传统武术内功养生方法成为了看得见却用不上的珍宝。

"峨眉十二庄功"是峨眉武术的一个传奇。顾名思义，这门功法共有十二节，分为天地庄、之字庄、心字庄、龙鹤庄、游龙庄、鹤翔庄、拿云庄、旋风庄、大字庄、小字庄和幽明庄。

有人读到这里不安逸了："于哥，我读书少你别骗我，这数来数去也只有十一个庄庄嘛，怎么能叫做十二庄呢？"

嗯嗯，兄弟你算术学得不错。那我解释一下哈，这列出来的确实是十一个，加上这门功法的"总论"，可就是十二个了，一个都不能少。

好吧，我这个解释也是胡扯的。

"峨眉十二庄"的真实意思，并不是十二个庄庄，所以你弄个梅花桩什么的，跟我说的这个完全没有任何关系哈。

"峨眉十二庄"，是指其拳架、呼吸吐纳与意念心法，修炼着人体十二正经和奇经八脉，五脏六腑，阴阳调和，所以才称为"峨眉十二庄"。

说起中华武术的内功，绝大多数人的认知来自于武侠小说和影视作品，在刀光剑影的文字里，在声光电闪的屏幕上，内功让人飞天遁地，起死回生，宛如神迹。

但是，真的武术内功并不是巫术，不是玄幻，也不能开挂。

武术内功，或者叫气功，自古以来就有动、静之分。

动者，即练功时躯体在空间的位置不断地发生变化。然而此动非常动，你从外观上看，是在不断地动，但内心却始终静如止水，波澜不惊，所谓"动中有静""外动而内静""形动而神静"。

静者，与之相反，自然就是练功时躯体在空间的位置保持不动，不同的是，五脏六腑都在意念导引之中"流动"，所谓"动中有静""外动而内静""形动而内神静"。

"峨眉十二庄"，乃是动功。但目前在武术界，动功最出名的，并不是"峨眉十二庄"，而是"太极九圈十三式"。

还是应了那句老话，少林武术传天下，峨眉武术不出门。

这大门不出二门不迈的，不仅声名落伍于少林，而且也落伍于太极，难怪人家写首武术主题歌，都不带我们峨眉武术玩。

"峨眉十二庄"自南宋白云禅师开创以来，秘诀"不着一字"，全凭上师耳传心授，历朝历代，都只有寥寥无几的衣钵传人才能修习继承，直到传至周潜川先生时，"峨眉十二庄"口诀才由他传到市面儿上来，为的是教人锻炼强身，所以这正是周先生的大功德也。

"峨眉十二庄"真实的口诀被我抄录于此，有心人们不妨拿起手机，赶紧拍下来收藏在照片文件夹里，等将来有兴趣学习峨眉武术时，就可以拿出来参详。

讲真，这要是倒推二百年，我要是公开了这件宝贝，多半会被师门除名，弄不好还得被当成逆徒追杀。而您，要想一睹这112个字，最起码也得付给我几千两黄金收买我啊。

快点，在我后悔之前，拿出手机打开照相功能，来了！

"峨眉十二庄"口诀曰：

> 象天法地，圆空法生，大小开合，唯妙于心。如如不动，是真阴阳，宝斯未动，发用乃常。唯气与脉，不动动生，意到神到，开合升降。降则嘿嘿，升则嘶嘶，开合一如，结丹在兹。静如秋月，动若飘风，彬彬克敌，分寸之中。轻若鸿毛，重逾泰山，用中无形，体用一焉。大哉天地，十二庄首，默识心通，贵在勤苦。

拍完没？拍完了把手机放下，安静地听我讲。

是不是有种"认识每一个字，却每一个字都看不懂"的焦躁感油然而生？

好了，乖乖坐好，听我慢慢道来。

所谓"象天法地，圆空法生，大小开合，唯妙于心"，开宗明义，讲的就是峨眉武术的养生哲学。这个哲学建筑于"天人合一"之上，圆空生万物，变幻无穷，其妙无穷。大小是架子，功法呈现的外形也；内在开合，皆是心念。

所谓"如如不动，是真阴阳，宝斯未动，发用乃常"，讲的是以静制动，炼气归元。

所谓"唯气与脉，不动动生，意到神到，开合升降。降则嘿嘿，升则嘶嘶，开合一如，结丹在兹"，32个字道出了气脉全修的精华所在，九转功成，甚至能够结出"内丹"。

"内丹"啊同志们，看过玄幻修真小说的应该知道这是多么高大上的东西。有了"内丹"，距离飞升不过一步之遥！

咳咳，好吧，现在不是在讨论玄幻小说，也不讨论升仙的问题。但"结丹"在这里，到底还是道出了"峨眉十二庄"修炼有成时，必有强身健体、延年益寿之功效。

"静如秋月，动若飙风"，很好理解。小时候看《说岳全传》，看《杨家将演义》，总能看到书中对高手的描写是"静若处子，动若脱兔"，看来是英雄所见略同。

可是，"彬彬克敌，分寸之中"又是何解呢？难道说是"对付敌人的时候彬彬有礼，千万要掌握分寸"？

年轻人，你是在逗我吗？

都说了是在对敌了，还讲彬彬有礼？掌握分寸？那还不如洗干净脖子等着被别人砍好了。

所以，"彬彬克敌，分寸之中"的真实含义只用四个大字就说得清楚：以柔克刚。

至于"轻若鸿毛，重逾泰山，用中无形，体用一焉"，则是对于那些真正练到高深之处的修行者的描绘，到了某个境界，比如小说里说到的"筑基"之境，展现出的便是如此的形象。

"峨眉十二庄"112字秘诀最后挽总的"大哉天地，十二庄首，默识心通，贵在勤苦"一句，看上去是在对后来修习者要持之以恒，不畏艰苦的鼓励，其实不尽然。这句话其实还点明了"庄"，也就是"架子"的重要性。

只有将"峨眉十二庄"112字秘诀掰碎了，揉化了，完全融进自己的内心，或许，再去修炼，就有可能求得正果。

"峨眉十二庄"，自南宋白云禅师开创以来，历代先师言传身教，口耳相传，秘之又秘，以至于几近失传，更难以造福后人。直到周潜川大师与其二位公子周巢父、周怀姜先后不吝著述，方才令此瑰宝有文字传诸后世，此乃大功德也。

谨以此节小文，向周潜川大师贤父子致敬。

周潜川著《气功疗法峨眉十二庄释密》

武举乐山：那些刀光剑影的往事

我家所在的地方附近，有一条老街，名叫演武街。从演武街出来，往张公桥，再沿着岷江边一路而下，就到了跟乐山大佛码头挨着的较场坝。

演武街，较场坝，这两个都是乐山的老街，虽然彼此之间有些距离，却很有一些血脉上的联系。这两处街道虽然早已没有了旧时王谢的亭柱廊栏，但却掩不住名号中散发出的丝丝古意。

说起这演武街，实打实地很有些年头了，它兴建于明朝万历十五年。

万历十五年，这五个字放在一起，是不是很眼熟呢？

嗯嗯，你没有记错，有一本很有名的书，就叫做《万历十五年》，是一位颇有点传奇经历的历史学家黄仁宇先生所著。

万历十五年，对明朝人来说，对当时整个世界来说，都注定是一个具有特殊意义的年份。

这一年，明朝失去了一位伟大的军人，他的存在，让那些满怀恶意，觊觎明朝大陆的倭寇胆战心惊。他的名字，叫做戚继光。

这一年，黄河在河南开封决口，百姓死伤惨重，流离失所。

这一年，西班牙无敌舰队正整装待发，期待来年的远征。

这一年，远离京城的西南偏僻之地——嘉定州，则于城北设立了一个充满阳刚之气的演武场。

据史料记载，科举起源于隋代，以此替代腐朽发臭的九品中正制。唐袭隋制，也将科举作为国家选才的最重要的渠道。

五代南汉时的王定保所著《唐摭言》卷一就说，唐太宗李世民"尝私幸端门，见新进士缀行而出，喜曰：'天下英雄入吾彀中矣！'"相信很多看多了唐朝穿越小说的小伙伴对这句话并不陌生吧。

不过，到唐太宗时，科举还只有文举，也就是文章取士。

当时间来到公元702年，事情有了转机。在此之前10年间，一位中国有史以来最伟大的女性成为了皇帝，她也是中国历史上唯一的，具有真正法统地位的女皇帝。

她就是则天大帝武曌。

关于武则天的故事，完全可以单独写出几百万字的专著，所以小弟在此就不啰嗦了，唯一还想说一句的就是，小弟出生于武则天的故里四川省广元市（广元在唐代称为利州，武则天之父武士彟曾为利州都督），可算得上是与有荣焉。

自十四岁入后宫成为唐太宗的才人起，武曌就开始了她波澜壮阔的一生。

公元655年，她成为了唐高宗的皇后。公元690年十月十六日，她放下了皇太后的尊贵身份，亲自开创大周朝，登基称帝。

公元702年，则天大帝决定在文举之外，新增武举，为国家选拔将才。

这一年，由兵部主持武举考试，科目设有弓箭马射、步射、平射以及马枪、负重摔跤等。凡中武举者，便有机会补入军旅，授职校尉。对，就是校尉……什么摸金校尉，你盗墓小说看多了是吧？

校尉在大唐以及很多朝代，是仅次于将军的存在。

武举科考自武则天始，此后各朝各代均有沿袭。到了宋代，武举则更进一步，朝廷已经不再只是考校武术了，在科目里还增加了军事策略，比如孙吴兵法你要是搞不懂，不好意思，这位同学，你走错地方了，出门转左，那边杨志镖局和史进武馆欢迎你。

明承宋制，仍是"先之以谋略，次之以武艺"。武举子要先考笔试策论，默写武经，然后再到场上操刀弄剑。

其实大家看多了某点的历史穿越小说，大概也都清楚，明代实行的是军户制，军旅职务大多都是世荫承袭，你家老爷子是千户，你将来也可以"接班"当个千户；你家老爷子是锦衣卫校尉，将来你也能穿上飞鱼服，挎上一柄绣春刀。所以单凭一介平民，若是文不能举业，又想出人头地当个"官儿"，自家又不是军户，就只能走武举这条路了。于是，民间习武之风兴盛一时。

乐山（时为嘉州），跟武举的缘分可谓极深。早在则天大帝广取天下武学豪杰之际，乐山便已被列为武生考场之一。每逢岁考，嘉州所属各地武生云集城中演武场上，操枪比箭，求取功名。据我百岁高龄的师父王旭先生考证，仅明清两代，乐山一共出了武进士二人、武举人四十二人。

此外，乐山在唐代乃是边城，是防备南诏与吐蕃进攻的重镇。到了南宋末年，蒙古大军进犯，两国在巴蜀展开大战，南宋朝廷在乐山（时为嘉定府）城东二里三龟山、东岩山和九顶山（即乐山大佛所在的凌云山）上设三龟九顶城，驻扎大军，与府城守军互为犄角之势。

驻军除了预备战事，平时需要反复操演，修习弓马武技。操练之地便是历来作为武举考场的演武场。当时在演武场的嘉州城南端竹公溪东，便是军队的营房，此处路口便被百姓称为"营门口"。

时过境迁，到了明朝万历十五年，嘉定州城向城北平坝扩展，为了延续尚武民风，官府决定将演武场迁移至城北。

此地，位于嘉定州至成都的交通锁钥之处，商旅往来甚多，演武场两旁也逐渐形成了店铺门面，于是渐渐变成了"演武街"。演武场变为街市后，练兵习武就不那么方便了，于是又另觅他址，最终选择了城东南会江门外河滩处，也就是今天的较场坝街。

我的师父王旭先生就出生在较场坝街。师父幼年时就曾听家族中的老人讲述，在清代，较场坝内还有官兵营帐住房，操演场上还陈设刀、弓、石等，并且有马厩养战马，供军队练习武艺之用。此外，较场坝在清代，相当长的一段时间里，仍担负着武举科考的功能。

如果说明代因为"军户制"，武官的遴选多看出身，民间习武者只能以一身好武艺"考出"个"功名"，好在军中"捡漏补缺"；清代可就完全不是这么回事了，通过武举而步入仕途的武将可谓大有人在。

看过周星驰的电影《武状元苏乞儿》的朋友，或许还记得主人公苏灿的那一场争夺"武状元"的考试，他一路过关斩将，击败了阴险的对手僧格林沁的侄儿，最终因为不会写字而触怒了皇帝，结果被贬为乞丐。

这部电影可谓超级精彩，作为周星驰先生的骨灰级粉丝，小弟对这部电影也看过差不多十几遍了。

但是，我必须负责任地说，这个情节太扯淡了。武状元根本不是这么考的。

因为电影里的苏察哈尔灿（简称苏灿）虽然贵为广州将军之子，

家财万贯，并且武功过人，但却是个大字不识一个的官二代败家子儿，连武秀才武举人武进士都不是，岂能跨过这么多关卡直接跑到京城去考武状元？

什么？可以走后门？

我呸！清朝末期是非常腐败，但科举考试却还真是不算腐败的！因为科考弊案，多少大红顶子双眼花翎的极品大官儿在菜市口丢了脑袋。

电影里苏灿的老爹明显就是个草包，虽然在考试前也托人走了后门，但显然被人忽悠了，所以以电影本身的情节而言，他也是无法跨过那么多关卡直接去京城考武状元的！

要知道，清代武举也是严格按照四个等级，一步一步来的。先要在府县来一场'中考'，考中者就是武秀才。然后才有资格到省城参加乡试，中了就是武举人。取得了武举人的身份，就有点牛了，这回就真能进京城会试，与天下英雄一决高下了。

武举考试共分三场，第一场是骑射，驰马往复，发箭九枝，中三箭以上者可以进入第二场比试。

第二场考步射、技勇。步射同样要九发三中，而技勇，主要是看你的力气，有没有劲儿。拉硬弓、舞大刀、举石礩，都是考力气的项目，有两项过不去，您就只能回家了。不好意思，大爷下次再来玩儿啊。

如果前两场都顺利过关，就进入了第三场，这一场对于许多武林高手来说，简直就像是一道难以逾越的鬼门关，远比前两场要难过得多，因为这一场是文考，考策论。

"策"就是问答题，"论"就是写议论文，两样都不容易，因为考题主要出自《孙子》《吴子》《司马法》以及《论语》《孟子》，你要是平时只喜欢刀枪剑棍斧钺钩叉，看见书就大脑一片空白，恭喜你，这位同学，还是请你出门左转，八大胡同欢迎你！

后来，大概朝廷也看出来了，这帮武艺高超的家伙敢情不晕血，都晕字，《孙子》《论语》神马的对他们来说实在是太高端了，还是降低一点标准吧，策论不玩了，改为按要求默写北宋版的普及兵书《武经七书》中一段，一百字左右。

于是，你在习武的时候也不用害怕读书了，只要能把《武经七书》死记硬背下来，就有恃无恐了。

所以老话说得好，干啥都不容易。

不过，一旦闯过童试乡试进了会试，一不小心考取了武进士，那就算熬出了头，自此就算有了公务员身份，可以等着安排工作了。

不过，武进士还有一道关要过，那就是电影《武状元苏乞儿》里周星驰参加的那个了，学名叫做殿试。

殿试考场极为庄重，就像电影上一样，皇帝是要亲临的。殿试大比，最终成绩会分三等，便是我们熟悉的"三甲"。一甲是前三名，夺得魁首的，自然就是武状元；不幸差了"一篾片儿"的，就是武榜眼；排在第三的，则是武探花。

不知道是不是中古龙的毒太深了，总之换作是我，如果混不上武状元，我是宁可当探花，也不绝不去当榜眼的。小于探花，听起来就是那么的风流倜傥；小于榜眼，唉吗，那是什么玩意儿？

说起来跟文举是几乎类似的，除了"三鼎甲"外，还有十余人可以进二甲，获"赐武进士出身"。二甲以下则均为"赐同武进士出身"，含金量比前两种就要低得多了。

说起来苏灿可惜是功亏一篑了，要是他当时脑袋里灵光一现，真能写出自己的名字，被皇帝钦点为武状元的话，接下来的流程就是妥妥的豪华版了。

太和殿高声唱名之后，苏灿的大名也将会高居西长安门的皇榜之首。假如皇帝兴致高的话，还可以亲自去赐给他武状元盔甲，这玩意儿传个几代，到中央电视台参加王刚老师主持的《我有传家宝》节目一点毛病没有，专家只要不瞎，起码给你估个大几十万的价儿。

武状元不好考，毕竟是顶尖高手中拼出来的"冠军"。当然，考上了也就拥有了无上荣光。

在殿试上辞谢了皇帝，出来就有巡捕营前呼后拥，一路高调护送回家，让昔日看不起你的张财主刘员外们目瞪口呆，让前两天还在你面前鼻孔朝天的王小姐陈小妹眼睛瞬间变成小桃心。

次日，兵部设下大宴，武进士鱼贯而入，大吃海喝，武状元又有盔甲、腰刀等上品可得，其他进士则也有赏银可以揣进腰包。此后三天，武状元还要披红挂彩，高头御马，行街夸官，真可谓春风得意马蹄疾，一夜阅尽京师花。

在清代，通过武举科考，的确是普通人改变自己命运的一个最有效的路径。一旦成为武进士，就会摆脱平民身份，一跃成为官身。

清代武举第一科始于顺治三年（公元1646年），钦点武状元，可授正三品参将，榜眼也是从三品游击，探花可得正四品都司。二甲均可获授正五品的守备，三甲也能成为从五品的署理守备。

此后，康熙和雍正两朝又有所改革，例如武状元不再安排到基层锻炼（下营），而是改授御前一等侍卫，与皇室亲贵子弟的待遇相同；榜眼、探花授二等侍卫；再从二甲中选头十名，授三等侍卫；其余人等都在兵部报备，在各营授补实缺。

清代武举科考待遇如此诱人，民间习武之风自然也就盛极一时了。乐山的较场坝，当时便是嘉定府武举童试的考场。

我师父王旭先生有一次曾经跟我聊到，那时嘉定府每隔三年一考，考期三日，头一天是骑射。考生们头戴红帽，身穿马蹄袖的袍子，府台、县台与监考官，端坐演武厅。

当时的演武厅设在原来的打铁街口。拴马的地方叫做"马窝子"，就在现在的滨江路河边上。

第二天考的是立射，考试地点改在府衙门内。

到了最后一天，则是"大演武"，童生便在场下排名等候，待主考官点名后依次进入，骑射弄枪，力举石锁石墩，争夺武秀才的功名。

然而，火器的盛行，必然迫使冷兵器退出实战的舞台。鸦片战争之后，在西方列强的威胁之下，清廷蓦然发现，刀枪剑棍在毛瑟枪的攻击下毫无还手之力。

光绪二十一年（公元1895年），军机大臣、大学士荣禄上书，谏言废止武举"自火器盛行，弓矢已失其利，习非所用，与八比试帖之弊略同。积弱之端，未始不由于此。"

几经争议，到光绪二十七年（公元1901年），中国的武举制度终于就此废止。而远在西南一隅的乐山较场坝，也消散了萧萧马鸣，黯淡了刀光剑影，渐渐成为市民居所、商贩茶馆的旧城老街。

峨眉派的尚武精神：从杜心五说起

小时候看过一本小人书，叫做《侠骨杜心五》。

书中讲到，这杜心五少年时随隐士高人徐矮师学习自然门武术，功夫了得，走镖川黔滇一带，人送绰号"南北大侠"。

后来，杜心五见国势日危，立志报国，经宋教仁介绍加入同盟会，追随孙中山革命，经常往来南洋北美，为革命募集资金。

辛亥革命后，杜心武目睹军阀统治，弃官不做。日寇侵华时期，居然妄图利用他充当傀儡，结果自然是被他愤然拒绝。

小时候呢，只觉得这本小人书好看，故事讲得也好，画也画得也好，又是武打的，非常符合小男生的口味。不过，那时的我还是懵懵懂懂的年龄，完全不知道徐矮师是我的峨眉先辈，南北大侠杜心五更是我们峨眉派的骄傲。

峨眉自然门武术开山祖师徐师，是四川本地人，但出身不详，而且名字也没有留下来，世人只知道他姓徐，因为他身材矮小，下巴正好抵到八仙桌的桌面，所以好事者给他起了个绰号叫"徐矮子"，这个叫法当然不太礼貌。真正了解徐师的人，都尊称其为"矮师"。

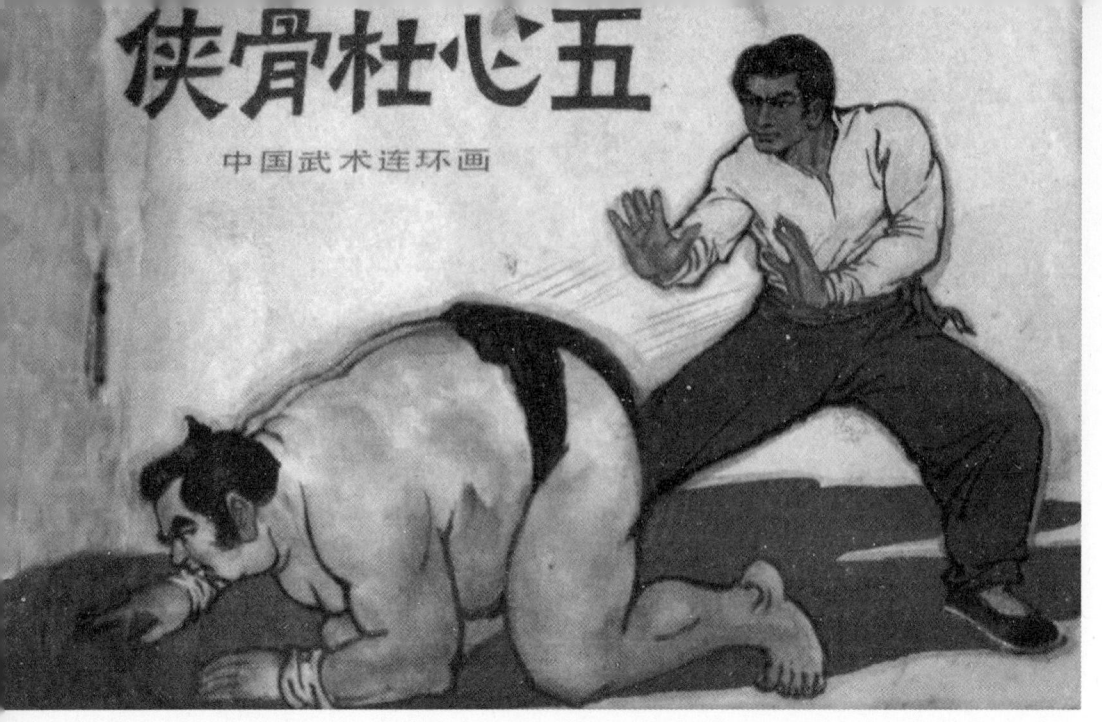

作者小时候读过的小人书《侠骨杜心五》

徐矮师自幼习练各种软硬功夫,后来遇奇人传授绝技,并仗剑闯荡江湖,遍访名师高士,技艺大成。

正所谓这是一个看脸的位面,不论是现在,还是二百年前的清末,大多数人还是喜欢以貌取人的。所以,尽管徐矮师武功已臻化境,并且生性幽默耿直,行侠仗义,但由于身材矮小,相貌平平,所以根本没人把他放在眼里。

徐矮师年轻的时候想必也是有一番大抱负的,毕竟学得一身好武艺,在那个年代,即使从军,也能搏个封妻荫子。然而现实就是这么冷酷,那个时候也还没有韩国整容术。徐师年纪渐长,慢慢地也就看开了,人生苦短,何必拘泥于世俗的欲望呢?于是他隐居峨眉山,不问红尘,潜心钻研武学,终于独辟蹊径,创立了峨眉武术中独具特色的自然门。

此时，湖南慈利县人杜心五，已是早慧成名的少年英雄，十五六岁时就已学得一身精湛武艺。

爱武如痴的杜少侠曾在川滇湘三省交界处张贴榜文寻求老师，"如能胜者，以重金聘，恭执第子礼。"然而，闻讯前来揭榜者，竟先后都败在他的拳下。于是，一位贵州的朋友向他举荐了峨眉派自然门的徐矮师。

杜心五初次见到徐矮师，就像吴亦凡见到小岳岳，怎么也看不出这位看上去矮小猥琐的老头是位高人。不过，想到朋友也是一片好意，他倒是没有转身就走，只是言语之间，对徐矮师也不太客气，并且打算掂掂徐矮师的斤两，看看他的深浅虚实。

一日，趁徐矮师熟睡之机，杜心五持单刀潜入房中，当头就砍，谁知徐矮师一个翻身就闪过了刀锋，鼾声如故。

我去！这老头有两把刷子！

杜心五感觉自己这次可能遇上真正的高人了。不过一次交手不算什么，万一老头是无意间蒙上的呢？于是他又多次偷袭，却从未得手。

偷袭都偷累了，连老头的毛都没有摸到一根，杜心五终于服气，恭恭敬敬地拜了师。

徐矮师对这个少年成名的青年俊彦也是极为喜爱，特将他收为关门弟子，传授自然门武术达八年之久，之后就师徒分别，徐矮师返回峨眉山隐居，从此便不知所踪，此后再也没有和弟子们相见。

其实，很多年以来，我一直觉得徐矮师是个非常神秘的人，甚至他的相貌身材，我都觉得有没有可能是一种伪装。他的真正身份是什么？他与杜心五等弟子分别后，究竟来到了峨眉山的哪一个地方隐居？后来，他是老死山中，还是另有奇遇？这些年我来往峨眉山无数次，也寻访过无数次，却始终找不到徐矮师留下的蛛丝马迹。总有一天，我仍将踏上探寻之旅！你愿意和我一起去寻找峨眉武术最神秘的那个人吗？

杜心五师出自然门后，走镖行侠，闯下了诺大的名头，江湖尊称"南北大侠"。他东渡日本，与同乡宋教仁结为至交，并因此结识孙中山，毅然加入同盟会，做了许多为国为民的大事。晚年杜心五受友人之托，收湖北万籁声为徒，将自然门发扬光大。

杜先生的爱国情操，为国奉献，堪称侠之大者。

不过有人这就要质疑了，喂喂喂，人家杜心五是湖南人，也算是你们峨眉派？

瞧您这话说得！我师爷爷武志成，峨眉派岳门的大宗师，他可还是山西平遥人呢！不说远了，就清代以来，来自河北、山东、山西、河南、陕西、浙江、广东等地的武术家，走进四川，定居乐山的，大有人在，这些人在此生根发芽，繁衍后人，传授武艺，你说他们不是峨眉派？你问问他们自己答应吗？

徐矮师本身就是峨眉派自然门开山祖师，杜心五身为自然门关门弟子，谁敢否认杜先生是峨眉派？

不过，如果说一定要说说峨眉派里洋溢着尚武精神的乐山本地人，也同样大有人在。

比如王炳章。

王炳章，字述怀，清末乐山映碧乡太平寺（今乐山市沙湾区太平镇下街）人。他自幼好学，少年时在乐山大佛所在的凌云山九峰书院就读，参加科举，考取了秀才功名。此后，王炳章投笔从戎，考入了成都四川武备学堂，学习武术和军事。

此时，正值光绪庚子之变，乐山井研人熊克武率王炳章、张治祥、杨维、黄方、黎靖瀛、江永成等，结交了一批不满清朝黑暗统治的低阶军官，准备了枪支炸弹等，约定举义。

不料，对于王炳章等人的举动，清军中有人察觉，遂于光绪三十二年（公元1906年）10月，将王炳章等六人逮捕关押，时任四川总督赵尔丰以"国事犯"奏请将六人永远监禁，史称"成都丁未六君子事件"。

王炳章这一关就被关到了辛亥革命胜利，才算重见天日，出任熊克武督军司令部参谋长，授少将军衔。此后，王炳章先后在43军、陆军第8师、第1师、川滇联军任职，并响应蔡锷将军号召，参与"讨袁护国"运动。

1927年，王炳章退役回到乐山，以"实业救国"为己任，创办乐山益新火柴公司、乐山城区西北大药房、中华述庆盐灶、大平田坝儿煤矿等。

1929年7月，王炳章与友人共同发起成立了县国术馆，位于现在的乐山城区老公园处，王炳章亲任馆长，副馆长由陈荫池担任。县国术馆成立后不久，又学习成都同行，在老公园石上流茶馆处成立了"武士会""射德会"，每天早晨，都有几位教师在此向民众传授武术、射箭，提倡尚武精神。

说起这武士会、射德会，也都是来历不凡，乃是清朝四川唯一的一位状元，也是"史上最穷状元"骆成骧在四川首倡。骆成骧一生清廉自守，为人坦荡光明，不求高官厚禄。辛亥革命后，他出任临时议会议长、都督府顾问、四川筹赈局督办等职，却家无余财，甚至时而"米荒"。

他虽然是文状元，却十分尚武。尤其听说德国有人专门研习东方柔术，令他不禁想到，世界列强纷纷入侵，恣意瓜分中国，要保家卫国，必须要有"临阵肉搏之术"。

当时成都正好成立了一个武士会，开展武术交流比赛。骆成骧被推举为会长，他将自己为人作碑文酬金千元全部捐赠给武士会，并出面募集资金，建国术馆于成都少城公园（今人民公园）。四川各地武术家闻风而动，纷纷效仿。骆成骧也勤习武术，尤其喜欢射箭，常言"射以观德，不仅止于御敌强身也"，并亲自创立了"射德会"。

成都国术馆、武士会、射德会的兴盛，不仅令近在咫尺的乐山追随其后，整个巴蜀的尚武之风也因此浓烈起来。不仅民间好武强身，军队也大力支持。川军将领邓锡侯、刘文辉、田颂尧、刘湘、孙震等人都曾继任射德会会长或副会长。

而设擂台"打金章"的比武活动也因此在成都青羊宫兴起，并持续多年，民众崇尚武术武德，崇尚忠义爱国，后来川军出川抗日，很难说不是因为有这样的精神在支撑。

谁是傻儿：袍哥人家绝不拉稀摆带

记得好几年前，一群据说是研究峨眉武术的专家，坐在峨眉山景区某个高大上的酒店里，大谈峨眉武术的服饰问题，个个忧心忡忡。

有的说，少林派的最好办，剃个大光头，穿件和尚袍，一眼就看出来了。

也有的说，武当派的也简单，弄身道袍穿上，打个太极拳就行，人一瞧就知道是哪儿的。

就咱们峨眉派难，穿上僧衣，被认成是少林的；穿上道袍，被当做是武当的；随便穿件运动服吧，又忒不像那么回事。

专家们愁啊愁，愁就白了头。我实在是看不下去了，在角落里冒出一句：峨眉派多袍哥，袍哥大爷"操扁褂"，对襟儿衣翻白袖口，不就对了？

于是专家们眼睛都一闪一闪亮晶晶。

当然了，现在大多数上台表演峨眉武术的，要么是太极服，要么是莫名其妙四不像的长袍，穿"扁褂"的仍然不多。

袍哥就是穿"扁褂"的，那是我们四川独有的一群人，现在可能没有了，民国以前却随处可见，大多数都习武。

袍哥来历不简单，按着"仁义礼智信"分了五个层次，那时节的四川（包括现在的重庆），上到达官贵人，下到三轮车夫，都有许多人是袍哥，当真是三教九流，无分贵贱。

不过，我们这代人，知道袍哥，大多是听樊傻儿说起的。

樊傻儿最喜欢说的一句话就是"老子们袍哥人家，绝不拉稀摆带"。

你不晓得樊傻儿是谁？好吧我们有代沟。

记得我读中学的时候，有一部四川方言的电视连续剧，火遍了整个四川，就连外地听不懂四川话的朋友也喜欢，那就是《傻儿师长》。樊傻儿是剧中的一号主人公，扮演者是已故的著名演员刘德一老师。2007年，我有幸和刘老师一起在广播电视台做过一期节目，刘老师的诙谐开朗令我至今记忆犹新。刘德一老师扮演过很多角色，但人们最熟悉的，就是樊傻儿。

演员刘德一在《傻儿师长》中扮演樊傻儿

于铁成和刘德一一起做节目

"傻",用四川话读,是"哈"(读 hà)。

樊傻儿,大号樊鹏举(鹏举,可不是一般人可以叫的,大家多半都记得,我们岳门的祖师爷,大宋名将岳飞岳爷爷,就是姓岳名飞字鹏举),樊傻儿能取这样的名字,敢取这样的名字,显然也不是泛泛之辈。

所以,他从《傻儿师长》,一路变成《傻儿军长》和《傻儿司令》。但不管怎么变,口头禅都没变:"老子们袍哥人家,绝不拉稀摆带。"

袍哥人家,是搞啥子的?

其实您要是这样问,是不礼貌的,尤其是在我们大四川,曾几何时,大四川不敢说遍地袍哥,起码也是县城有堂口,镇乡有码头。

峨眉武术的前世今生　　　　　　　　　　　　　　　　111

但是，您千万别把袍哥跟香港电影里的黑社会混为一谈，那绝对是两回事。

袍哥的来由，第一是忠义爱国，第二是有文化，和你想象的不太一样。

说到忠义爱国，就得说说袍哥的根源。袍哥最早不叫袍哥，叫做哥老，又称"汉留"或"汉流"。为什么叫哥老？其实也是读音的走样儿，原本是叫"啯噜"，满清朝廷给起的名，听起来是不是不太顺耳？

呵呵，朝廷取的，怎么可能顺耳呢，因为"啯噜"原本就是反清复明的义士，你反人家，人家还能说好听的？

"啯噜"之名，兴起于清乾隆朝，最早出现在川陕等地官员的奏疏上。乾隆八年（公元1743年），四川巡抚纪山奏称："川省数年来有湖广、江西、陕西、广东等省外来无业之人，学习拳棒，并能符水架刑，勾引本省不肖奸棍，三五成群，身佩凶刀，肆行乡镇，号曰'啯噜子'"。

这位纪大人向乾隆皇帝汇报，说四川这些年有很多从湖南、湖北、江西、陕西和广东等地来的人，习武操练，还会画符风水（这不是茅山道士的拿手好戏吗？小弟在峨眉派多年，真没见过会画符的），这些人和四川本地人一些地痞混混结伙成群，身上揣着家伙，在乡场上横行霸道，号称"啯噜子"。

问题是，官呐，官呐，官的话，你能信吗？

"啯噜"传得久了，也就变成了"哥老"，于是四川有了哥老会。

但无论是被叫做"啯噜"，还是"哥老"，都不重要。因为他们自己叫自己"汉留"。

"汉留"是什么意思？民国李耘夫《汉留全史》说得明白："夫

汉留者，汉族遗留也。先烈悯明室之亡，异族主国，留下革命种子，作灭清复明之计也，故名汉留。"

　　　　　反清复明，还我河山。
　　　　　保路运动，袍哥当先。
　　　　　辛亥革命，袍哥当先。
　　　　　出川抗战，袍哥当先。

袍哥岂能不爱国？
爱国是肯定的，那为什么说"袍哥"二字有文化？
因为袍哥之"袍"，来自于《诗经·无衣》。

　　岂曰无衣？与子同袍。王于兴师，修我戈矛。与子同仇！
　　岂曰无衣？与子同泽。王于兴师，修我矛戟。与子偕作！
　　岂曰无衣？与子同裳。王于兴师，修我甲兵。与子偕行！

袍哥的"袍"，太有来历了，不是吗？
峨眉武术，与袍哥更是密不可分。换句话说，近代许多峨眉武术的高手名家，都曾经"嗨"（当）过袍哥；袍哥里许多人，都会峨眉武术。
说起来也很正常，毕竟袍哥自诞生的那时起，就有着斗争、作战的天然属性，习武，是必须的。
说回到前面的樊傻儿，在电视剧里就是"袍哥人家"，所以他才会拉起兄弟伙，一同赶赴抗战前线，与日寇决战，血洒疆场，绝不拉稀摆带。
这位看官说了，电视剧你都信？那不都是瞎编的吗？

瞎编的？这回您还真说错了，《傻儿师长》还真不是瞎编的。樊傻儿在现实中真有其人，而且原型的真人真事比电视剧里牛叉多了，倒是编剧有点怂，没有突出重点。

樊傻儿的原型，就是川军名将范绍增。

在介绍范将军之前，我要先点个赞，表达一下后辈的崇敬之情！

范绍增名舜典，号海廷，因为为人耿直，不喜欢偷奸耍滑，所以人称"范傻儿"。

范绍增是四川达州大竹县清河乡人，从小就不喜欢读书，电视剧《傻儿师长》里有一段情景是樊傻儿背诵《三字经》，把"苟不教，性乃迁"背成"狗不叫，遇到熟人了"，还真是非常写实。

不过范同学虽然不喜欢读书，却特别喜欢到茶馆"听书"，什么桃园三结义、梁山一百单八将之类是耳熟能详，一心向往，于是13岁的时候，还是个未成年人，就已经入了袍哥。他平时操枪弄棒，以武会友，结交了许多朋友，很快就在袍哥弟兄里崭露头角。

此后，他加入同盟会，参与反袁护国战争，从基层小军官干到团旅长，民国十五年（公元1925年），获任国民革命军第二十军第七师师长。这就是电视剧《傻儿师长》的由来。

范绍增在四川的戎马岁月中，可谓亦正亦邪，帮助过共产党员，也与红军做过战，在军阀割据的乱世沉沉浮浮。

抗日战争爆发，范绍增的人生就此改写。他请缨杀敌，只身赶到上海前线，任第十一兵团副司令。

民国二十七年（公元1938年）初，范绍增拿到中央政府给予的第八十八军军长的空头衔，他决定自募兵员，再举大旗抗日杀敌。

袍哥人家绝不拉稀摆带！范绍增振臂一呼，袍哥弟兄纷至沓来，4个团的兵分分钟招满了，但光有人，没有枪，或者说，没几把能用的好枪。

范绍增二话不说，找到一家武器修理厂，自掏腰包修理枪械。他对官兵说："过去打内战，都是害老百姓。这回抵抗日本侵略，我就是倾家荡产，拼命也要同你们在一起，把日本人赶跑！"

民国28年（公元1939年）初，范绍增率八十八军出川，在江西东乡一带同日军作战；第二年夏天，又转移浙西作战；冬天，他调任太湖张渚地区担任防守。

日军第二十二师团长土桥一次指挥敌伪两万多人进犯，在宜昌一带展开激烈的拉锯战。范绍增亲临第一线督战，将鬼子一次次击退，最终不敢来犯。

民国三十年，大年春节，当地老百姓前来慰问。范绍增当场拜谢："这回打日本人，不是老百姓帮忙，还是打不赢的；二回我们不把仗打好，老百姓要吐我们口水！"

看嘛！范大爷就是这么耿直，袍哥人家，有啥子说啥子。其实他的部队装备极差。事实上整个出川抗日的兄弟们，装备都很差。但是袍哥人家绝不拉稀摆带！范绍增在军中大兴习武之风，不但磨炼杀敌本领，也磨炼血性和胆识。

1942年5月28日，范部击毙日军第十五师团长酒井中将。

酒井之死，极大地震慑了日军，因为在日本陆军历史上，"在职师团长阵亡，自陆军创建以来还是第一个"。

1942年5月29日，范部再建奇功，击伤日军四十师团少将旅团长河野。抗日名将的殊荣，没有掺一点点水分！

抗战胜利后，范绍增面见顾祝同，要求把他的部队调去搞开垦。顾祝同不同意，暗示范还要准备与共产党打仗。范先生对此极为反感，到上海后，他以袍哥的底子成立了"益社"，与中共地下组织取得联系，将药物、纸张等物资运往苏北解放区，支援革命。

由于屡次"不听招呼"，又是支持李宗仁的人，蒋介石决定干掉这个大袍哥，手令上海警备司令宣铁吾将范绍增逮捕，所幸平时人缘好，有人专门跑来报信儿，范绍增才得以幸免于难。

1949年春，国民党全面溃败的前夜，蒋介石等人又想起了曾经的抗日名将范绍增，以国民政府的名义将他委任为国防部川东挺进军总指挥。

范绍增则在此时下定决心，坚决走一条正确的路。1949年12月14日，范绍增率所属官兵二万余人在渠县三汇镇通电起义。

中华人民共和国成立后，范绍增历任中南军政委员会参事，解放军四野五十军高参，河南省体委副主任，河南省人民政府委员，河南省人民代表和政协委员等职。

范傻儿一点都不傻，人家叫他傻儿，只不过因为他耿直，因为他不偷奸耍滑，因为他绝不拉稀摆带。

当然，不是所有袍哥，都有范绍增先生这样的传奇一生，袍哥里也有宵小之辈。但袍哥人家国难当头之际敢于牺牲，壮烈赴死的精神，始终让人热血沸腾。

八年抗战，四川人穿草鞋扛破枪，抗击日寇，义无反顾！

川军的足迹遍布了全国的抗日战场，几乎所有的对日大会战中，都有川军将士的身影。

民族危亡之际，他们以国家利益为重，深明大义，忍辱负重，慷慨赴死，以旧枪和大刀片儿，无数次与装备精良的日军进行殊死决战。

根据不完全统计，出川参加抗战的先后有三百五十万巴蜀儿郎走上战场，伤亡六十四万人，占全国抗日军队伤亡总数的 1/5，居全国之冠！

而在川军之中，上到师长、军长、司令，下到班长、列兵和伙夫，有相当一部分人，都是袍哥。

有人说，于老师你是不是太美化袍哥了？听说袍哥里也很有一些人渣烂眼儿啊！

这话没错。问题是，哪里没有几颗老鼠屎？忘记是哪位伟人说过的，有缺点的英雄仍是英雄，再完美的苍蝇还是苍蝇。

我向以范绍增先生为代表的袍哥鞠躬致敬。

百岁武者：一个世纪的人生传奇

一个人活到 100 岁并不容易。

活到 100 岁还能打拳授艺，写诗自娱，一字不差地背诵《桃花源记》，这辈子我只见到过一个人，那就是我的师父王旭先生。

为读者方便计，下文我就斗胆直呼师爷爷和师父的名讳了。

1917 年，王旭出生于乐山较场坝街。由于家境十分清贫，王旭很小的时候就非常懂事，当同龄的富家孩童还在父母的怀里撒娇时，王旭已经用他稚嫩的肩膀帮助家里分担家务了。

时值民国初年，整个四川军阀割据混战，袍哥遍地。乐山，地处三江汇流之处，位于南丝绸之路锁钥关口，可以说是袍哥的主要码头之一，习武之风盛行。而在那个靠"拳头大、脚头硬"说话的年代，也让人不禁萌生"除暴安良"的侠客情结。

说来也巧，王旭的出生地是较场坝，这里曾是前清武举的考场，也曾驻扎着清军部队，金戈铁马军号断，残枪断剑铁未销。

童年的王旭，也非常向往《三侠五义》《施公案》《彭公案》里那些大侠精忠报国、除暴安良的故事，梦想着自己也能成为一个令人敬仰的大侠。

有句老话是这样说的，叫做"贫不习武、富不教书"。当孩子王，当私塾先生是很辛苦的,有钱人当然没有这个雅兴。而学武是很烧钱的,穷人还玩不起。

据我师父讲,在当时,有名的拳师教弟子武术,一个关键的招式要一锭银子。习武不仅仅是学费高,对身体素质也有要求,也就意味着营养要好。师父小时候家境相当清贫,能够供他读书已经是全家勒紧了裤腰带勉强为之,哪儿还有钱送他去学功夫呢?

或许是天意,或许是命中注定,一位武术大家却在此时来到乐山,并且成就了王旭一生机缘。这位武术大家名叫武志成,山西平遥人。

前面咱们说了,《四川武术大全》明确记载,峨眉武术分为僧、岳、赵、杜、洪、会、字、化八大门。其中岳门以民族英雄岳飞为祖师,清朝中晚期开始在四川流传,共十支。我们这一脉是第六支。

据我师父王旭先生说,岳门拳术既不同于"全凭手上身"的南拳,又有别于"全靠脚打人"的北腿,而是手到脚到,力到劲到,圆转多变,紧骤机灵,气势磅礴,咄咄逼人。

师父收我为徒时,他老人家已经是九旬高龄,但见他演示岳门拳法,这些特点依然可见。

我的师爷爷武志成,从山西跟随他的同窗好友赵鸿猷(调署四川布政使司,挂提督衔)入川,出任赵鸿猷镖师、武备等职。

武先生到四川的时候已是清末,时局一日三变,转眼之间清帝逊位,清朝的官儿,清朝的事儿都已随风而逝。

成立了民国,四川其实还是自治的状态,各种旗号的部队占据着大大小小的城镇,各自为政。武志成也有了新的差事,毕竟有一身过硬的武功,又是远近闻名,于是很快就被川军二十八军聘任为武术教官,专门教习警卫人员武术搏击。

不久，川军第八师进驻乐山、眉山及周边14县。师长陈洪范有古名将之风，轻徭薄赋，与民休养生息，颇有口碑，尤尚教化。为了强健士兵体魄，不输洋人，对武志成仰慕已久的陈洪范，特意将他礼聘到师部任武术总教官，传授峨眉武术。

武志成幼年习武，先后拜过多位名师，深得岳门武术真传。他天资聪颖，文武双全，与人交手，每战必胜，在平遥时即有"武盖城"的美称。他为人正直豁达，在军中尽心传授武艺，官兵无不感激钦佩。

1925年，由于跟大军阀杨森不和，陈洪范被迫宣布下野，只身离开乐山。武志成眼见军阀之间相互倾轧，胸怀报国之志的军人反而难抒胸臆，心有所感，于是也随之萌生了离开部队的想法。

与陈洪范依依惜别后，武志成也退出了部队，并决定定居在乐山。许多地方名流士绅对他仰慕已久，以前因他在军队不便结交，此时无不争相上门礼聘。武先生对此一一婉言谢绝，在自己家楼下开设了一个小武馆，招收弟子，传授峨眉武术。

王旭11岁那年，他的一位同窗好友，就有缘拜在武志成门下习武。王旭得知后非常羡慕，但他知道家里拿不出钱置办像样的拜师礼，更不要说缴纳学费了。左思右想，王旭还是希望能够去见识一番，开开眼界，于是跟好友商量，在好友学武时偷偷看看。

一次、两次，王旭在好友学武时偷偷观摩，不禁为之倾倒。

其实，武志成早就发现了王旭的举动，在他第三次来"偷看"的时候，就把他"逮到"，叫近身旁询问。在得知王旭痴迷武术，却因家贫不敢拜师后，立即决定不要拜师礼和学费，收下他这个徒弟。

其实，武志成虽开馆授艺，但对于亲传弟子的选择极为严格，一生入室弟子仅8人，王旭是武志成的关门弟子。

1929年7月，乐山名宿王炳章邀请武志成等武术名家共同发起并成立了乐山县国术馆。为了表示庆祝，国术馆举办了为期7天的擂台赛。乐山驻军武术教官陈德胜、刘庆云等担任评判。来自省内外的参赛者分为蓝队和红队，分别把名字写在签上，分装两个签筒，抽签上场，采取淘汰赛制。这次比赛就是一次典型的"打金章"，最终夺魁者获金章，二三名得银章，四五六名得铜章，各有奖励。

我师父王旭当时年仅一十二岁，尚未成年，并不具备参赛资格，所以只是被县国术馆选拔在擂台赛开幕当天登台表演，展示了三星桩和黑虎拳。由于表现出色，国术馆特奖励他毛巾一张、文具一盒、纪念章一枚。

转眼间六年过去了，王旭在武志成的悉心传授下，已练得浑身好武艺，尤擅岳门三星桩、飞龙棍、七星单刀和峨眉剑，宛如一口尚未出鞘的宝刀，只待绽放光华。

这一年，乐山摆下东坡擂台赛，与盛极一时的成都青羊宫擂台一样，由当地官绅出资设下重奖，盛邀各地武术家前来比武"抢金章"。

"抢金章"类似于今天的散打搏击比赛，不同的是，"抢金章"没有明确的比赛规则，参赛选手也不佩戴护具。

由于奖金丰厚，四川各地赶来参赛的拳师众多，竞争尤为激烈。

东坡擂台赛开赛在即，武志成命王旭代表岳门登台。十八岁的王旭初出茅庐，遇到的对手却是名噪一时的武术名家彭胡子！

彭胡子绰号"青城快手"，三十岁出头，正是当打之年，曾多次参加成都青羊宫"抢金章"，以身法快、拳头狠著称。

王旭 1950 年留影，时年 33 岁，风华正茂

王旭是晚辈的身份，所以在赛前特地找到彭胡子所住的旅馆拜见，送上乐山特产礼物，谦逊地表示自己是抱着学习的态度，请前辈指点，还望在擂台上点到为止，以武会友，手下留情。彭胡子自然笑着应允，并赠了回礼。

然而开赛锣声一响，彭胡子就抢先进攻，全力以赴，毫不留手，想一拳就将王旭打下台去。

好一个王旭，初生牛犊不怕虎，说时迟那时快，施展岳门散手，快如闪电，直捣黄龙，连续抓住彭胡子的胡子，三放三抓，彭胡子无颜再战，当场认输。

此战，王旭在四川武术界一举成名。

武志成也放心地将峨眉派岳门第六支的衣钵传与王旭。

1952 年 11 月，峨眉武术一代宗师武志成在乐山市中区兑阳湾住宅病逝，享年 83 岁。

同一年，王旭决定编写峨眉武术的教材，以此纪念自己的恩师，同时，也是为向市民义务传授武术做准备。

1975年，王旭被乐山市少年宫聘为武术辅导员；1982年，又被乐山市体委聘为武术教练，向市民义务传授峨眉武术。

1983年是中国武术非常值得纪念的一年。在这一年，全国性的武术文化挖掘整理工作拉开了序幕。

这一年，四川省武术工作会议在成都召开。王旭被邀请代表乐山武术界赴蓉参会，带回会议精神，在体委的领导下筹建武术协会。次年，乐山武术遗产挖掘整理组成立，王旭担任副组长。通过一年的奔走，先后拜访老拳师39人，记录拳械套路102个，手抄资料七万余字，贡献武学珍本9册，明代黄龙七星剑、清代七星剑各一柄，挖整工作取得了丰硕的成果，荣获全国武术遗产挖掘整理工作三等奖、雄狮奖。

1986年，全省武术遗产挖掘整理总结会召开，由于工作卓有成效，王旭在会上被评为"先进个人"，并获得"龙泉宝剑"奖励。

他整理的武术套路《三星桩》《七星单刀》《飞龙棍》被代表着武术遗产挖掘整理成果的《四川武术大全》收录；他整理的《峨眉剑》《气功十二段锦》荣获了"武术遗产资料贡献奖"。

从1975年至今，四十多年过去了，王旭始终坚持在武术传承第一线。现今100岁高龄的他，依然每个月都坚持向亲传弟子和再传弟子传授峨眉武术技艺，不仅开展理论讲座，仍然体魄健康、身手敏捷的他还亲手示范。

1989年，王旭在乐山灯光球场义务传授武术爱好者剑法

　　寒来暑往，始终如一，王旭坚持义务向市民传授峨眉武术，四十年共传授武术爱好者两万多人次，先后获得省市级武术工作先进个人、优秀体育工作者、"巴蜀健康老人""天府健康老人"以及国家部委评选出的"全国健康老人"等荣誉称号。

　　小弟有一天在师父家中，无意间翻阅到一本陈年旧相册，里面有许多极其珍贵的80年代乐山和四川老拳师的黑白照片合影。其中就有师父和武术至交胡文龙先生等著名拳师义务传授少年儿童峨眉武术的纪念照。

　　这张照片摄于1983年，乐山凌云寺大门前。王旭、胡文龙等老拳师和乐山少年儿童在一起。据师父回忆，这是当年夏天，老拳师传授峨眉武术给孩子们之后，又到凌云寺看乐山大佛时的留影。图片中最小的孩子如今也已超过40岁了。

同样是 1983 年，王旭、胡文龙等老拳师在暑假武术训练班上和孩子们的合影。

2006 年，中央电视台《走遍中国》节目组还专门前往乐山，拍摄制作了 30 分钟的专题节目《峨眉寻仙记》，讲述了王旭先生和峨眉武术一代宗师、时年 108 岁的释通永法师的武学交往与传奇往事。

中央电视台《走遍中国》为王旭拍摄《峨眉寻仙记》，王旭携于铁成拜访峨眉派宗师通永大和尚（中）

记住一个名字：令人心痛的遗憾

有人说，十年是一个非常奇怪的时间概念。

很多事，十年就是一个段落，一个小结。

从2003年到2013年，这个十年，峨眉武术和一个人的名字紧密相连，这个人叫做汪键。

我与汪键的交往，也是这整整十年。

汪键与武术的缘分当然不止十年。

我认识他的时候，他已经创办乐山大佛文武学校十年。

据说汪键少年时随其父学习"雪花盖顶"棍术；11岁时，拜重庆严奉勇门下，学习拳术和九节鞭；此后，他又拜李国荣为师，学习臂腿拳、六合拳、阴阳剑。由于属国有企业东风电机厂的子弟，他有缘成为了该厂工会主席孙常虹门下学习功力拳、螳螂拳、精武弹腿和八仙剑。汪键的最后一个师父是峨眉山报国寺释通永法师，拜师时法师已满百岁。由于先后跟从多位师父学艺，所以汪键会的功夫比较多。

我认识汪键的时候，刚到乐山晚报当记者一年多，负责文化体育方面的新闻报道。大佛武校当时在乐山已经算是赫赫有名，因为我的职业，也因为我自幼学习武术，所以也在朋友的聚会中认识了当时在乐山唯一坚持开武校的汪键，不过也仅仅是泛泛之交。

时间来到了2004年，这一年，我的一次小小的策划，推动了武侠小说宗师金庸先生的乐山之旅，也因此真正和汪键有了交集。

那一年中秋节前夕，四川搞了一个"人文四川名家论坛"活动，邀请了包括金庸在内的一些国内文化界名流到四川。当时的行程中并没有乐山。

从初中开始看《射雕英雄传》就成为金庸粉丝的我，从网上看到这件事后，不禁萌发了一个大胆的想法：邀请金庸来乐山，看看峨眉武术的发源地。

何止大胆，几乎是白日梦。因为我与金庸先生完全搭不上关系，一没电话号，二不认识他身边的人，何况就算找到电话号，我一个小记者，也没有这个资格向他发出邀请啊。

想了又想，毕竟金庸笔下写过峨眉派，事实上，他还亲自给峨眉派"安排"了一个祖师"爷"（奶）郭襄。这应该算是缘分吧？

于是我决定换个角度，既然不可能直接与金庸联络，我何不从峨眉武术着手？

于是，立刻想到一个人，就是大佛武校的校长汪键，首先乐山只有一家武校，他算是"职业武术人"，另外，听说他还组建了一个峨眉武术研究会，找他显然是最合适的。

说干就干，立刻就打了个车到大佛武校，见到汪键，说了我的想法。就是请汪键代表峨眉武术人，邀请金庸到峨眉武术的故乡乐山一游。汪键倒是很乐意，但也表示不知从何说起。我说这你就不用管了，唯有一条，就是万一金大侠真的来了，你得做好接待的准备。

接下来，我就写了一篇文章发表在报纸上，表达了峨眉武术人期盼金庸来乐的愿望。这其实也就是隔空喊话，我当时也真没抱太大希望。毕竟人家一大帮名人早有行程安排，我这种节外生枝的事，人家多半都不会理睬的。

第二天早上，成都一家报社给我打来电话，说能否以他们的名义把我这篇文章登他们的报纸上，我也没多想，随口就答应下来。

又过了一两天，峨眉山管委会通知我，说金庸的随行人员看到了我那篇文章，告诉了他，金庸决定来乐山亲眼看看峨眉武术的故乡，并在乐山过中秋节。管委会的领导说，乐山市委市政府对金庸等名家来乐山非常重视，希望借此机会让外界关注乐山旅游。接着还转达了一位市领导的话，要求我担任金庸的随行"导游"，为他介绍峨眉武术的情况。

管委会的领导告诉我，已经准备好，在峨眉山灵秀湖畔搞一台地方特色的欢迎晚会，时间就定在中秋节晚上，顺带着请金（查）老爷子赏个月。我问了问晚会的内容，然后跟领导说，歌舞啥子的，他们在哪儿都能看着，最要紧是得有峨眉武术啊，不然人家来干吗？

领导很是挠头，说不知道哪能找着峨眉武术的人。

我告诉他，乐山有个大佛武校，让他们来不就完了嘛，本来我文章里就写了人家校长是邀请金庸的发起人。

领导还担心，说武校会不会都是粗人黑社会什么的，我说您这就太官僚了，人家是正规的学校，想多了吧？

中秋节当天，我在乐山港等到了金庸，陪着老爷子坐船游览了乐山大佛，老爷子挺开心，不过没有到大佛景区里去，下了船就奔了峨眉山。

当晚，汪键率领他的十多名弟子，在灵秀湖畔给金庸表演了峨眉武术。整个场面非常热闹，大家都整得挺高兴，金庸还当场起身点赞，按宋丹丹老师的话说，那是"相当成功"。

演出完了，汪键过来跟我说，准备回乐山。我跟他说别急，因为第二天还有安排，我要陪金庸到清音阁看猴子，还会去万年寺，所以打算请汪键一同去，有机会的话还可以跟媒体再摆点峨眉武术的龙门阵，要知道，当时跟着金庸来的电视、报纸媒体足有几十家，宣传峨眉武术，这是极难得的机会。

于是第二天就一同上了山。

金庸的乐山之旅，对汪键来说是一次很大的机缘，媒体对他的关注也从此开始。

而我和汪键也就是从这个时候开始了交往，我了解到他是真正想把峨眉武术做起来的，只不过不知从何做起。于是，我决定帮他一把，当时没有想到的是，这一把的时间是十年。

做峨眉武术的推广其实相当艰难，因为没钱。

讲真，这是一个说钱的时代，没有钱，很多事情都做不到。

少林为什么可以火到全国乃至世界瞩目的程度？就因为有钱。登封大的武术学校好几万学生，小的也有几千人，少林寺的香火和旅游收入就不用说了。在那种情况下，想做什么推广都很容易。

峨眉武术呢，在乐山就一家武校，两三百学生，可想而知。

不是随随便便就可以弄一个赚一个亿的小目标，那是豁人的，你也信？

唯一的办法就是靠脑子，不断有创新的策划。

2009年，我做了一件事，让峨眉武术成为了国内外瞩目的焦点。

那一年的11月，泰拳五名拳王——神目杀、鬼见膝、魔术锥、拳灭风、屠龙肘挑战中国功夫，并点名对阵少林方丈释永信，声称"秒杀中国武术"。然而少林寺作出了"习武是为健身，不为争斗"（大意）的回应，国内舆论一片哗然。

诚然，泰国拳王的举动不过是炒作，但这毕竟是建立在对中国武术羞辱的基础上的炒作，作为中国武术，此时的低调或沉默或退缩，绝不是正确的做法。泰拳这一耳光打过来，中国武术应该立刻还以颜色，而不是彬彬有礼地说"我们是文明人，我们不打架"！

所以我当时真的是怒了，而且我觉得这是峨眉武术的一个机会。

于是我找到汪键，建议他选拔散打技击出色的弟子，挺身而出，强力回应泰拳王对中国武术的叫板。

汪键选拔了弟子，向中国武术协会递交了申请。在我意料之中的是，申请未获批准。

但是，有什么关系？

最起码峨眉武术为中国功夫守住了底线。

前面我说了，这一次的挺身而出，是峨眉武术的一个机会。

从我的第一篇新闻发出去之后，两天之内，国内外上百家媒体跟进报道"泰拳王叫嚣'秒杀中国功夫' 峨眉派高调应战"（各媒体标题大意），甚至引起了WBC（世界拳击理事会）的关注，为此还有了后面的另一个高潮。

而多家国内顶级门户网站则以首页专题的力度，不断更新事态发展。众多"专家"撰文评析。最令我感到哭笑不得的是，一家顶级网站头版有专家断言"峨眉派绝对是重金邀请了一支高端策划团队策划了此事，目的就在于炒作峨眉武术"。

好吧，除了不能让"洋鬼子"踩到我们脸上来之外，我的另一个目的确实是推广峨眉武术，但天可怜见，汪键一分钱也没有给过我，我也只是一个人在战斗，并没有什么高端策划团队。

与泰拳王的对决最后没有发生，但我觉得没有遗憾，不能因为"主管部门可能不批准"，然后就有了在面对"洋鬼子"的挑衅时装聋作哑的借口。

当年在上海滩叫嚷着"东亚病夫"的"外国大力士"，有一些不过是马戏团的演员，羞辱我们的终极目的也许只是想多卖几张票，但是我们难道就能因此任由他去？显然霍元甲不是这么想的。

所以，当泰国拳王羞辱中国功夫的时候，而一些人选择了"谦让"时，峨眉武术的"亮剑"让中国人挺直了脊梁。

当然，这一次只是纸上的亮相，真正的亮相在一年后，"WBC决战峨眉之巅"洲际拳王争霸赛。

2010年5月8日晚，比赛在乐山市体育馆开打，峨眉武术对阵来自美国、墨西哥、泰国等国拳手，七战三胜三负一平，平分秋色。

结果这么巧，水不水？

我承认有点水，毕竟是商业比赛。

老外拳手是不是水货？

我估计里面必定有水货，但肯定也有真货，最起码Miriam·Nakamoto（玛瑞安·纳卡莫托）这样知名的拳手来到了赛场。

于铁成和著名拳手，女子泰拳世界排名第一的 Miriam·Nakamoto（玛瑞安·纳卡莫托）

就在这一次比赛之后，媒体将汪键作为峨眉武术领军人物，大书特书。峨眉武术也因此受到万众瞩目。

这之后，汪键为峨眉武术的推广也做出了许多贡献。

前四届峨眉武术节，开幕式的峨眉武术表演，大多为汪键策划和设计，主要角色也都由他的弟子担纲。

他的学生廉勇、黄麟等都曾是四川省乃至全国散打比赛擂台上万众瞩目的明星。

他开办了峨眉武术网站，也组织了许多与其他武术流派的文化交流，参加了湖南卫视等多家媒体的武术主题节目，搞了峨眉武术元素的旅游晚会，不遗余力地宣传峨眉武术。

更重要的是，尽管大佛武校当时已逐渐落寞，他还是尽力维系，并且始终坚持培养弟子。

诚然，办学的主要目的是为了赚钱，但客观上大佛武校也是峨眉武术后备人才的主要摇篮。尽管我和汪键的好友徐明先生都因大佛武校的办学理念问题，而与汪键始终保持争议，但汪键为培养峨眉武术后备人才做出的贡献是不应被否认和忘记的。

令人非常痛心和遗憾的是，2013 年 8 月 17 日，峨眉武术研究会会长、国家级非物质文化遗产峨眉武术传承人之一的汪键先生在广州出差期间因病不幸辞世，年仅 45 岁。

汪键的英年早逝，不仅令人心痛，也是峨眉武术的一个遗憾。

回到乐山：峨眉武术发源地近代源流

峨眉武术鼎盛于明清。在发源地乐山，正是如此。

尤其是清代，四川民间习武之风实在兴盛。嘉州境内，龙腾虎跃，高手辈出。

清乾隆五十四年（公元1789年），峨眉山大坪寺僧创编"浪子燕青拳"；次年，山僧模仿青龙白鹤之势，又创编"六乘拳"。

嘉庆年间，峨眉山极善法师从清音阁下黑龙江湍急回旋的水势中得到启发，十年呕心沥血，创编"乌龙拳"。

再之后，峨眉山仙峰寺释太空、释神灯二位禅师和福音子道长，摈弃僧道两家分歧，结伴游历四方，与少林、武当等各派高手交流，数年后回峨眉山，创编"峨眉子午门"武术。

二峨山猪肝洞（又名紫芝洞，据传是道教八仙之一吕洞宾修炼之所）的尹道士、蔡道士内力深厚，拳、掌能击碎岩石。碧云、静云二道长创"八封拳"；付云和尚创"虎爪拳"，均流传民间。

峨眉山僧人传承字门武术，远近闻名。桂林人周大侠慕名而来拜师学艺，出师峨眉山后，路经开县（今重庆开州区），将字门拳术传授给蒋银胜，将字门武术传到重庆。

峨眉山僧人释修德法师，将化门武术传给达县（今达州）人张烈武，张烈武又传给五显庙的张多福（张老道），此后化门武术在重庆、达州等地广为流传。

岳门第六支开山祖师武志成随同窗好友赵鸿猷（调署四川布政使司，挂提督衔）由晋入川，出任布政使司镖师、武备等职，在军中传授武术。民国初年，他随川军到乐山，将岳门武术推广到民间。

郭沫若的老家沙湾有个老者绰号"朱二婆婆"，有人说其曾在王府担任卫士，也在铜河一带授徒，郭沫若的一个叔叔郭瑞成，就是"朱二婆婆"的弟子。

乐山清代时为嘉定府，位于南方丝绸之路"五尺道"要冲重地，自古以来就是巴蜀重镇，民智早开，又是南北交通枢纽，上连成都，下接重庆，横贯川中，内通康藏。

这样的地方，必定是商贾云集、游人汇聚之所。即使是今天，乐山不仅是旅游胜地，游客往来频繁，同时也算得上是一个移民城市，外埠来此谋生定居者络绎不绝。

自清代起，许多武林名家，都曾客居乐山，有的交流技艺、切磋武道，盘桓数月乃至数年，有的甚至从此定居，比如我的师爷爷武志成先生，就随川军来到乐山，并在此定居，传峨眉派岳门武术及衣钵与我师父王旭。

1932年，北京德胜镖局镖师李俊（绰号铁头鹞子），来到乐山五通桥牛华溪，李俊是峨眉武术赵门传人，擅长北派器械，尤其是大梨花枪，他将一身武艺传给了乐山人张凌霄。

张凌霄比我师父王旭小两岁，牛华镇本地人，拜李俊为师后，他学有杨五郎醉棍、大梨花八母枪、六合滚堂单刀、回马枪、七星棍、八仙剑等。1984年4月，他在成都参加省体委武术挖整汇报会，表演了武术"杨五郎醉棍""大梨花八母枪"。

凌霄老人生前是个体医生，常在乐山城区府街售卖专治跌打损伤的"驳骨膏"，药效极佳，回头客颇多。可惜老人前几年已经去世，如今走过府街，再也见不到这位身材清瘦、慈眉善目的老人了。

四川老拳师珍贵合影，一排右一为张凌霄

1935年，四川成都华阳人、峨眉武术内功大师王煜来到乐山，传"南宫心法"给我的师父王旭。

峨眉武术的"内功",乃是四门功课:南、填、静、气。

所谓"南",即"南宫"。

据说"南宫"是峨眉武术内功心法中的顶级存在,属于传说一类的。师父学得怎么样,我不知道,我只知道在我写下这篇小白文的时候,我的师父已经100岁了,武能打拳,文能赋诗,这跟"南宫"有没有关系,我可就不好说了。

从清末到民国,峨眉武术在乐山兴盛一时,除了外埠名家来乐做客或定居,带来了武术文化交流之外,本地人外出拜师学艺后归来,也为乐山武术发展带来了勃勃生机。

和我师父王旭同代的拳师胡文龙先生,七岁时就在四川郫县(今郫都区)拜龙和尚为师,学习僧门武术和峨眉散手功法。

1932年,杨季冰在成都拜马宝、刘崇峻为师,学习散手技击。马宝绰号"铁人",曾三度抢得青羊宫擂台金章,当过四川都督尹昌衡的保镖,四川武士会副会长。刘崇峻曾任南京"中央国术馆"顾问和四川武士会会长,擅长龙拳。

和我师父王旭同代的拳师刘岳新先生,在成都拜峨眉张益三、李青山(二人均为八极拳高手)为师,学习僧门和赵门武术。

同样和我师父同代的拳师王华贵先生,跟随武术大师郑怀贤、丁国基等学习拳械套路。

这些乐山拳师学艺有成,都回归乐山,反哺家乡,尚武之风高扬。他们大多具有高超的技击水平和丰富的实战经验,打出了乐山拳师"英勇善战"的威名。民国时期成都青羊宫设擂台"打金章",朱仲康、胡文龙、杨季冰等多次抢得金章,威震一方。

1983年，四川老拳师珍贵合影，前排右二为胡文龙，右三为王旭

峨眉武术历代都是身传口授，很少有文字资料传世，加之四川自古以来都是兵家必争之地，"天下未乱蜀先乱，天下已治蜀未治"，战乱频仍，"秘籍"神马的就算有几本，也早就焚毁在熊熊战火之中了。再加上文革十年所经历的文化浩劫，所以至今为止，没有一本系统讲述峨眉武术的书籍。

我的师父王旭先生八十五岁高龄时，就提笔撰写《峨眉武术汇编》，寒暑辟易，历时数载，终于完成，收录了他对峨眉武术的了解和见解，并毫未藏私地公开了峨眉武术岳门的练功秘技。为使更多人受益，老人家自费印刷百余册，赠与弟子和关心爱好峨眉武术的市民。

得知我在写这本《话说峨眉武术》，已经百岁高龄的师父非常高兴，嘱我一定要将岳门武术的练功方法、养生秘诀告知更多朋友。恩师有命，岂敢不遵？

那么，从何说起呢？

好吧，让我们先来一段"方法论"，这也是师父近百年习武的心血总结了，希望各位拿笔画上杠杠，当做重点哦！

练拳八法：世纪拳师的百年经验之谈

习武练拳，首先要掌握方法。

方法不对，走的可就是弯路，甚至还可能走上邪路，一去不复返了你说糟不糟糕？

为了避免这种悲剧，我们来看看王旭先生，一位习武差不多一个世纪的老拳师近百年的心血总结吧。

唉，搁在当年教一招收一锭银子的时代，您拿出手机计算器算算您该欠我多少钱？现在免费了，还不认真点看！

练拳八法，首要是姿势。这个姿势，指的是静止的姿势。身体要求头正颈直、沉肩挺胸、塌腰敛臀，上肢要求舒展挺拔，下肢要求轮廓清楚，姿势和精神状态，要体现出攻防的含义。

其次是方法。这个方法，是指套路中出现踢、打、摔、拿等技击动作的方法。动作的路线力点要清晰，攻防技击特点要突出。如推掌要用手掌外沿或掌心、后掌向前推，而不是用掌指向前推；又如弹腿的力点在足尖，蹬脚的力点在足跟等。

其三是身法。这个身法，是指以躯干为主，结合攻防的变化方法。有吞吐闪展、冲撞挤靠等变化，要求做到上下配合，手随身行，身到步到，表现出刚柔相济、协调自如的效果。拳练千遍，身法自然。要领会攻防技击动作的要领，身法以腰为轴，结合各种手法腿法，拧转俯仰、收放起落各方面来进行。

其四为眼法。眼法是指眼神与各种动作相配合的方法。眼法是体现精神的重要环节，要手眼相随，手到眼到。眼法有多种多样，有注视，有随视。注视是眼神盯准一个目标，随视是眼神随着动作来运转。眼神与动作相结合，才能把内在的精神意识清晰地表达出来。

其五是精神。练拳要精神贯注，要求攻防角斗意识，表现出勇敢机敏、无所畏惧的气概，脸部的表情，应该是含而不露、神态舒展，动作要精神饱满，体现出内在的精神状态。

其六曰劲力。劲力是指动作时的用劲，要有刚有柔，发劲要求顺达而有爆发力。最忌有刚无柔的"僵劲硬力"。要运用先柔后刚的"寸劲"。要刚而不僵，柔而不松，刚柔相济，以气、意配合发力，做到内外合一。

其七曰呼吸。要善于运用掌握气沉丹田的腹式呼吸法（起吸伏呼，合吸开呼），否则在激烈快速的运动系，会出现气血上涌，吸氧不足的现象，就会气虚气短，使运动不能持久，往往会面色发白，呼吸短促，动作紊乱。腹式呼吸法善于蓄气，才能使运动持久。在运动中，呼吸有提、托、聚、沉四种方法。如跳跃动作，应该用"提"；高式或低式动作静止时，应该用"托"；发力动作应该用"聚"；由高动作到低动作，应该用"沉"。

练拳八法，最后一法为节奏。动静快慢的节奏，可归纳为十二型。即动如波涛、静如山岳，起如老猿，落如鸦鹊，立如雄鸡，站如青松，转如车轮，折如弯弓，轻如落叶，重如钢铁，缓如苍鹰，快如疾风。在活动时，像波涛那样澎湃激荡，有节奏，有韵律；在静止时，像山岳一般巍然挺拔；在跃起时像猿猴一样机灵矫健，敏捷活泼；在落下时像喜鹊一样轻盈无声；单腿独立时，像雄鸡一样安稳不动；旋转时像车轮一样似有轴心，浑然成圆；折的动作是指拧腰扭身动作，必须像弓一样具有弹性；轻的动作就像落叶一样轻；重的动作要像钢铁一样重，但却不要表现出"发狠"的样子；舒缓的动作就像苍鹰在天空中盘旋，慢中有快，全神贯注；快动作要像一阵风，但要快而不乱。

师父王旭常说，一个套路，没有轻的动作，就显示不出重；没有柔的烘托，就没有刚的体现；没有慢的起动，就显示不出加快；没有停得稳，就反映不出动得急。这些快与慢、动与静、刚与柔、起与伏，多种矛盾，是相互对立的。把矛盾显示得越充分、越突出，节奏性就越强，效果就越好。

练习冲拳，要领在于拧腰、顺肩、急旋臂。使力量发于腰，传于肩，催于肘，达于手。冲拳时要配合呼吸，"收吸出呼"，蓄而后放，要有进攻意识。以意领气，以意催气，以气催动。

练拳的步法也非常重要，可谓打拳容易走步难，先看一步走，再看一伸手。步不稳，则拳乱；步不快，则拳慢。

现在人练拳，许多只观其形，不知其意，甚至一些所谓教练，对练拳的基本常识也不了解，往往在武术学校跟老师学了几个套路的架子，毕业后就自己开班或应聘教练，连五峰六肘、内外六合也不清楚是什么，岂不误人子弟？

所谓五峰，即为头峰、肩峰、肘峰、臂峰、膝峰。所谓六肘，即为上肘、下肘、左肘、右肘、倒肘、回肘。

内外六合，内三合，心与意合、意与气合、气与力合。外三合，手与足合、肘与膝合、肩与胯合。

有了这些传统武术的常识，就不会盲目，对于学好功夫，颇为有益。

师父常说，练武术，不仅要练外形动作，更要注意内气的蓄养与导引，内气凝聚，能增强人体内部的生理功能，激发人体的神秘潜能。

1990年，王旭和妻子邱素文习武　　　　　　2004年，87岁的王旭演练峨眉拳

珍贵心得：百岁峨眉宗师的拳术箴言

接下来要做的事，我觉得有点疯狂。

而且有一点犯罪感，对于峨眉派岳门而言，我是在泄露师门的功法诀窍，这要是在古代，多半已经被同门列入追杀名单了。

但是师父王旭老人说了，绝不藏私，就是要把他近百年的武术心法公之于世。

那么，我继续？

以下要讲到的，都是师父多年以来的习武心得，其中有些还是师爷爷武志成传下来的，何其珍贵，还望各位观众，拿出手机，赶紧拍下来，发不发朋友圈您自己决定，总之是绝对要收藏的亲！

豁出去了，接着泄密！

练拳要讲势，势有八势，有内八势、外八势之别。内八势，是惊、慌、猛、烈、狠、毒、神、急。外八势，是封、闭、闪、跨、勾、拐、崩、打。

势是什么意思呢？其实是有两个含义，在于自己的为"蓄"，在于对方的为"乘"。拳术以"蓄势"为体，以"乘势"为用。"蓄势"的方法，在于镇静，镇静才能明察敌情，才能知所攻守，"守如处女，击如脱兔",其静如山,其动如风,敌不动时我不动,敌欲动时我先动。

练拳要了解力与劲。这是两个不同的概念。限于肩臂为力,达于四肢为劲。拳术不贵于力,而贵于劲。例如码头工人,能负重物,但以手击物,就力不从心了。练武术的人,大多没有负重物的力量,但用手发劲时,就可以将对方打出数尺之外,这就是力与劲的区别。

所以,以劲应敌,如箭离弦,似蜻蜓点水,一触即止。练武术的人不应多用力,而应多练劲。用劲要得时,否则用而不当,反为敌用。要冷静对敌,领悟用劲的最好时机。

练武术要明晓法理。示以当然为"法",藏气蓄劲、用劲使诈为"理"。法理要讲"五合"与"三催"。"五合"就是手与眼合、眼与心合、肩与腰合、身与步合、上与下合。"三催"就是手催,使人莫测其出没,不知所以守;身催,圆转自如,击西而东,左右盘旋转侧,使敌不知所以攻;步催,进退如电,左右似穿梭,来时使人不见其来而已来,去时使人不见其去而已去,节节压迫、层层进逼,一力前进,以快取胜。

师父常说,习武要懂得"功劲"和"寸劲"。

拳术是搏击之技术,任你身手如何灵活,最后还要以劲击败敌人。所以练习拳术,在得到身手步法之后,必须致力于"功劲"的操练,使劲达于四肢,逐渐通于指尖、足尖,才能克敌制胜。

"寸劲"更是要紧,乃是武术动作中短促用力的方法,实质上也是一种爆发力。比如冲拳时,拳从腰间击出,相对放松,将达到终点时,骤然加快速度,加大用力,这就叫"寸劲"。运用"寸劲",

可以使用力顺达，既省力，又可以使力量集中地发挥出来，使动作有紧有松、有快有慢、有刚有柔，节奏鲜明，能提高击打的效果。

懂得了"寸劲"，还应了解什么是"绵劲"、"脆劲"。

所谓"绵劲"，似柔非柔谓之"绵"，柔中寓刚，绵里藏针。

所谓"脆劲"，似刚非刚谓之"脆"，脆就是一种爆发力。

说了那么多，其实想说的就是，峨眉武术的特点，就是善于用"绵劲"和"脆劲"。

师父又说，书上写武术，常用"闪展腾挪"来形容，乃是笔误，或者说比笔误还严重，是对武术的一种误读，这样去练，就失去了原意，尤其在技击实战中缺少了关键。

事实上，那四个字应该是"闪赚腾挪"。腾挪二字很好理解，何为腾，腾者奔也；何为挪，挪者移也。腾挪是步法的移动，轻灵快捷，"前蹿一丈，后退八尺"。

那么，闪赚又是如何来理解呢？闪者，让也。赚者，哄也。闪赚的本义，是诱骗，是运用自己身体和兵器的闪躲变化，引动对方，然后乘机而动，施以出其不意的攻击。岳门相传口诀有"偏闪空费拔山力，腾挪乘虚任意入；让中不让乃为佳，开来翻去何地立"，就是说以弱胜强时，就在于偏闪腾挪。此处的偏，是躲，也是骗。

现在许多武术教材，都没有"赚"字，失去了峨眉武术的特点，这个特点就源于巴蜀武者先天身材相对北方人而瘦弱矮小，因此对阵时不应盲目硬上，而应以"赚"为先，用头脑用智慧，方能以弱胜强。

王旭(时年96岁)教于铁成习武

说剑：师父眼里的神兵利器

醉里挑灯看剑，梦回吹角连营。

剑，古往今来，太多君王名将、文人墨客妙笔挥洒着关于它的故事与诗句。所以，我无意去另辟蹊径，再狗尾续貂写那些关于剑的诗词歌赋。

这里说剑，只说师父王旭先生眼里的剑，峨眉剑。

关于剑，师父的说法或许与你搜到的百度百科不一样，但我也无意去考证正误，谨记一家之言。

师父说，剑的出现甚早，上可以追溯到殷商时期，也许是脱胎于矛形刺兵，初期如匕首，较为短小，环首无鞘，时人用之狩猎或御敌。到了春秋战国时期，剑已经变得又宽又长，可以用于战争，配合戈矛长兵，甚至有许多铸剑师造出了堪称神兵利器的名剑，如"湛卢""工布""胜邪""鱼肠""巨阙"。

春秋时的剑，已有成型的剑术。越女与白猿公比剑，与越王勾践论剑，也与峨眉武术大有渊源。剑有术，因而成为了剑术高手变身刺客时的唯一装备。荆轲刺秦王，用的是剑；要离刺庆忌，用的是剑；聂政刺侠累，用的是剑；专诸刺王僚，用的还是剑。

汉唐以后，剑逐渐失去了战场上的地位，逐渐为刀所取代，慢慢转变成为君王和将领乃至文士的随身饰品，甚至有人将剑从腰间取下，挂到了卧榻之上，以为辟邪。

剑成为了一种身份的象征，不再是朝廷的武备和"管制刀具"，于是也成为了民间武士的主要兵器。李白说"十五好剑术，遍干诸侯。三十成文章，历抵卿相。虽长不满七尺，而心雄万夫"，足见此时剑术已经普及到青少年了。而且牛叉的剑术在格斗中的实战水准是相当高的，所以李白敢说"十步杀一人，千里不留行"。

传统武术认为，剑在各门兵器中属于最难练好的。正所谓百日刀、千日枪、万日剑，练刀三月就有小成，练枪三年也有效果，唯有剑，练上二三十年才可能练出真本事。

师父认为，剑的技法，各家互有所长，峨眉剑有刺、劈、挂、捺、架、挑、点、截、扫、带等二十多种招式，霸王剑的招式更有四十四种。不过也有人将剑法分为刺、击、格、洗四类。刺是以剑尖直刺，有上中下三刺，分取敌人不同部位。击则是和敌人缠斗时最主要的技法，如直劈横扫、下点上捺等。格则是阻挡的动作，虽说剑并不适合与敌人硬挡硬拼，但有时无可避免的情况下，需要以剑的下部或剑的平面挡住敌人的兵器，如挫托等法，均属此类。洗则是卸去敌人攻击的意思，剑术中常以剑花圈住带动敌人的兵器，洗去对方攻势，再予以反击。

师父讲到，剑各部位的用法各有讲究，所谓"剑长三尺用三寸"，剑尖前三寸是最常用的部位。剑身的应用部分，可分为三个区域，分别是剑尖头三寸、中间部分以及尾部三寸。点、刺、削、挑，用的是剑尖。其中除刺以外，都是手腕或手指发力，所以刃薄的剑尖已能胜任。撩、劈、抹等法，用的是中间部分，主要以手臂或腰马之力带动，攻击敌人的手臂和身体。而砍、挂等法，则是用剑身尾部，此处较厚，可以硬碰硬，这一类的用法机会很少，一般在敌人兵器已经近身，万分危急时才会用到。

峨眉剑的对敌技法，师父浸淫多年，有以剑破刀法，有以剑破枪法，有以剑破剑法，并有口诀心法相传，我拜师后曾经牢记于心，在此也一并做个交代。

以剑破刀，相对容易。剑是刀的克星，因为刀的长度虽然与剑接近，但因为很少有运用刀尖的技法，所以攻击距离比剑要短。此外，刀在劈砍时，动作很大，往往需要抬起手臂，这时便有机可乘，使剑者只需用挂剑法，不用移动，就能切中持刀者的手。但这首先要求剑术要精，判断要准，速度要快，否则错失良机，就难以奏效。

以剑破剑，当敌人同样持剑，以剑攻来时，应立即闪动，向左或向右移步，手中剑如甩钓鱼竿，反点敌人手腕处，迫使其躲避或弃剑。

以剑破枪，以短搏长，最为艰难。一寸长一寸强，当敌人使长兵器攻击时，持剑者不能以闪步反击的方式来应对，而应先格挡对方的兵器，然后压住枪杆，快速切入敌阵，顺势去削敌人持着枪杆的手，"短兵宜速进"，尽快切割对方的手指，是以剑破长兵的要点。

峨眉剑口诀心法曰："玉女素心妙入神，残虹一式定乾坤，身若惊鸿莺穿柳，剑似追魂不离人。非同凡技欲歌舞，应是奇传道数真。临敌只须出半手，纵是越女也失魂。"

师父擅长峨眉剑，自幼拜师起就已习练，至今数十年，颇有心得。1984年参加四川省武术遗产挖掘整理工作期间，师父演练的峨眉剑被拍摄《四川省武术器械录像片》，并荣获四川省武术遗产资料贡献证。

师父常言，峨眉剑要点在于柔中寓刚，气势相连，敏捷准确，轻快飘洒。步法要快慢相错，节奏鲜明，动作灵活多变，攻防性强，剑动眼随，身剑合一，起伏转折，吞吐自如。峨眉剑常用剑法有刺、劈、挂、抹、撩、架、挑、点、截、扫、云、带、斩、绞、背、穿、抱、提、崩等，步法有弓步、仆步、虚步、歇步、独立、旋转、跳跃等。一动一静之间内蓄刚柔之劲，在练法上，要全神贯注、意气合一，运动于臂，发劲于腕，灵敏于指，用其悠然柔顺之劲，忌用拙逆之力，似含神而不露，似含意而莫测，身如游龙，势如流水。

练习峨眉剑，要领有三。

一是内外合一，形神兼备。内为何物？一指内气、内劲，二指内在的精神状态，呼吸要得法。要学会提、托、聚、沉的腹式呼吸法。外是什么？外是形体，要头正、颈直、沉肩、挺胸、塌腰敛臀，神态淡然，不要攒眉怒目。

二是柔中寓刚，先柔后刚。纯柔，不是武术，是舞蹈；纯刚，僵硬易折，也不可取。尤其注意要先柔后刚，发劲要顺达而有爆发力，才能突出"寸劲"。

三是节奏分明，迅动静定。该快则快，该慢则慢，该停则停，干净利落，柔顺自如。动要快速有力，静要稳如磐石。动起来，要像海涛一样鼓荡，有节奏，有韵律。静止时，要像大山一样巍峨，撼之不动。没有轻就显不出重，没有慢就显不出快。

1985年,王旭演练剑法

2000年,时年83岁的王旭演练双剑

师父的功夫：岳拳

师父习武近百年，师承名家，事迹被国家体育部门武术遗产挖掘整理成果《四川武术大全》明确记载，是该书记载的乐山目前唯一健在的峨眉武术家，他传承峨眉武术岳门衣钵，所学庞博，身为弟子，我觉得有必要整理部分他所精通的武术，与读者诸君分享，有兴趣的朋友也可研讨印证。

首先要说说岳拳。岳拳，相传为民族英雄岳飞所创，故名。岳门拳法在全国都有流传，《四川武术大全》记载，"流传于四川的岳门拳，共有十支，第六支传承人为王旭"。1983 年，在全国武术遗产挖掘整理工作中，师父根据岳拳套路，按照岳门拳的拳理法则，加以整理成型，受到了武术遗产挖掘整理小组的高度评价。

此拳法灵活舒展，变化多端，一变三，三合一，势势相连，首尾呼应，三尖相照，三节相合，运转划圆，攻防周全，体现了柔中寓刚、先柔后刚的特点。

在练法上，要求眼随手动，步随身转，劲从腰发，力由肩送，内外六合相关，形意神气相随。

岳拳第一段：

上步双插掌	后撤丁步抱掌	左弓步架掌
并步困肘	左右冲拳	滚肘独立穿掌
虚步缠丝掌	提膝分掌	击步震教砸锤
右弓步贯耳夺珠	左弓步五花锤	一炮三响提膝撩掌
平心鸳鸯腿	左仆步穿掌	右弓步插掌
回身弓步勾手推掌	退步穿掌	反弓步亮掌
叉步削掌	转身反手双插掌	二起腿
左仆步穿掌	右弓步冲拳	回身子午挂锤
右弓步盖掌	反身掩肘撩阴掌	踢腿提膝勾手推掌
左弓步上冲拳	反身盖打砸锤	右弓步贯锤

岳拳第二段：

后撤横裆步栽地锤	歇步亮掌	转身震脚提膝穿掌
左弓步双推掌	独立双勾手	击步拦腰掌
右弓步顶肘	左弓步双贯锤	并步边打
提膝上冲拳	左弓步抡劈锤	跳步插腹掌
反身吞吐掌	上步搂手前踢	左踹腿
歇步架打	转身左弓步双冲拳	右弓步盖掌
叉步左凤眼锤	马步架打	后撤丁步勾手推掌
插步右凤眼锤	反身插掌	内摆腿
右弓步掺掌	回身双砍掌	虚步脱化掌
退步护腮掌	横裆步打虎式	并步双插掌 收势

1985年，王旭演习岳拳

师父的功夫：三星桩

三星桩是我师父王旭最初拜武志成先生为师时，首先学到的功夫之一，至今修炼长达九十年，心得甚深，弟子抄录在此，和读者分享。

三星桩属于典型的峨眉派岳门套路，动作沉稳矫健，紧凑机灵。1984年，四川省开展武术遗产挖掘整理工作，师父贡献了岳门三星桩的练功方法和自己多年总结的心得体会，受到了挖整工作组高度重视，专门为其拍摄了"四川省武术技术录像片"，并将其收录到目前为止唯一的、权威的体育部门官方峨眉武术著作《四川武术大全》。在武术遗产挖掘整理工作结束时，师父的三星桩还荣获了四川省体委（今四川省体育局）颁发的"武术遗产资料贡献证"。

三星桩共四十动，其中包括弓步、马步、仆步、虚步、歇步等基本步形，以及拳掌勾肘等基本手法，身稳步活，攻中有防，刚柔并重，远攻近打，力从气发，意到神随，动作灵活多变，攻防性强，对于防身和健体都能发挥很好的作用。

师父在指点我练习时教诲道，三星桩在练法上要求明了攻守进退的要领和虚实刚柔的转换，形神合一，节奏鲜明，手眼身法步，都要相互配合协调，切记刚柔相济，方能体会三星桩的精髓。

三星桩第一段：

起势	右弓步冲拳架打	高虚步亮掌
云手震脚砸锤	子午挂锤	独立弹腿
右弓步连环锤	左弓步连环掌	虚步脱化掌
上步护腮掌	插步盖掌	翻身右仆步双砍掌
右弓步拦戳掌	翻跳左仆步双砍掌	左弓步拦戳掌
摆步搂宰盖掺掌	虚步双勾手	跳步冲拳
左弓步护腮掌	歇步截掌	

三星桩第二段：

转身前踢顶肘架打	左弓步冲拳	回身右弓步架打
震脚砸锤上步擒打	滚肘独立勾手亮掌	马步垮肘点心锤
左弓步抄拳	反身弹子锤	搂膝指裆锤
回身弓步掺掌	退步穿掌	翻身右仆步双砍掌
左仆步抡劈掌	右弓步架掌冲拳	拍腿双峰贯耳锤
盖掌二起腿	虚步勾手推掌	上步三星锤
高虚步亮掌	收势	

1985年,王旭在峨眉山报国寺演练峨眉剑

1996年,王旭在峨眉山武术馆传授枪法

师父的功夫：峨眉虎拳

峨眉武术中，各门大都有虎拳，此拳威猛力沉，气势磅礴。据《四川武术大全》记载，峨眉派僧门有虎拳，岳门有黑虎拳，赵门有五虎下西川，孙门有虎豹拳，诸门套路，都是以老虎的威猛形象，来比喻拳势动作的矫健刚强，威猛如虎。

师父习练峨眉派岳门黑虎拳数十年，其间又曾多次与僧门、赵门武友切磋印证，取长补短，最终形成了自己的风格，并创编峨眉虎拳一路，传与弟子。

师父创编的峨眉虎拳，动作攻中有防，退中寓进，既有猛虎之雄威，又包含仙猿之灵敏，形神兼备，干净利落，气从腰发，力由肩送，勇猛刚捷，灵活多变，吞吐浮沉相兼，拳掌勾爪兼顾，刚劲含柔，充分体现了峨眉武术的风格特点。

峨眉虎拳第一段：

起势	怀抱太极	猛虎出林
二龙聚会	双凤朝阳	投石问路
白鹤亮翅	砍断金锁	顺水推舟
闭门推月	黑虎掏心	白虎洗脸
黑熊卧洞	跃马点心	倒撞金钟

迎门铁扇	狮子滚球	二龙吐珠
下海降龙	推窗望月	魁星踢斗
怀中抱月	雄鹰展翅	黑虎钻裆

峨眉虎拳第二段：

力劈华山	白马亮蹄	鹞子穿林
回马推山	拉弓射雕	猛虎现爪
古树盘根	霸王举鼎	双龙出洞
流星赶月	罗汉坐地	燕子冲霄
饿虎扑食	童子拜佛	海底寻珠
猛虎扑面	顺风摆莲	凤凰独立
金猴托天	黄莺闪翅	白虎回头
虎踞龙盘	猛虎归山	收势

1991年，王旭演练峨眉拳术

师父的功夫：飞龙棍

我的儿子浩威不到五岁，最喜欢玩的是一种塑料管道玩具，被他组成了棍子，用来"嘿嘿哈哈"地比划，嘴里还会喊着"神州流星拳"或者"狮王怒爪"什么的。

或许这就是中国人血脉里喜欢武术的天性。很小的时候就会用棍子来做"武打"的游戏。棍在传统武术器械中是最常见的。您瞧，它本身就是一种武器，而您要是再在一端加上一个枪头，就变成了枪，加上刀片就变成了大刀。

所以古时就有兵法云"枪乃艺中之王，棍为艺中之魁"。棍在传统武术中的历史最为悠久。棍法在中国武术中也是五花八门，各有千秋。今天我只说说师父王旭传承的峨眉派赵门传统技艺——飞龙棍。

飞龙棍是赵门的绝佳技艺，传说是宋太祖赵匡胤所创。师父虽属岳门，但青年时代与峨眉派各门好手切磋，虚心请益，所以也学得此棍法，并且颇有心得。

1985年，师父演练的飞龙棍，还被四川省武术遗产挖掘整理工作组拍摄了"四川省武术拳械录像片"，此棍术也收录在《四川武术大全》中，我在这里也将套路抄录如下，供各位有兴趣的朋友一观。

特别值得一提的是，飞龙棍在实际练习中，要注意攻防进退、吞吐浮沉，身法完整不懈，步法沉稳不乱，眼法灵敏不滞，棍法灵活清楚，身棍合一，节奏鲜明，手眼身法步，相互协调配合。

飞龙棍一路：

起势	退步盖把	提膝背棍
右弓步劈棍	左弓步背棍	右弓步侧挑棍
独立盖把	跳步前戳棍	摆步下拨左挑棍
后撤左虚步背棍	插步反劈棍	左虚步前挑
高虚步盖把	上步横击棍	提膝立抱棍
旋转平扫跳步劈棍	回身右弓步点棍	脱手接棍
上步舞花棍	望月式平衡背棍	上步挑棍
右弓步背棍	反手接棍仆步下劈	盖步侧举棍
转身亮掌背棍	上步挑棍	进步舞花棍
插步反手下戳棍	转身左弓步前戳棍	回身高虚步亮掌提棍
转身扫棍	仆步下劈棍	插步背棍
转身上云盖步背棍	左虚步背棍	并步收势

飞龙棍二路：

起势	右弓步推掌背棍	横裆平抡棍
虚步劈棍	左弓步戳棍	转身扫棍
仆步劈棍	独立背棍	弹腿插步反拨棍
转身缠头扫棍	横裆步推掌背棍	跳仆步下劈棍
进步舞花插步反劈棍	腾空旋跳上中下扫棍	横裆并肩上背棍
右弓步撩棍	左虚步背棍	进步挑棍
回身歇步劈棍	高虚步亮掌举棍	退步舞花棍
行步双手舞花棍	望月式平衡背棍	上步挑棍
右弓步背棍	反手接棍仆步下劈	盖步侧举棍

转身歇步背棍	上步挑棍	进步舞花棍
插步反背棍	转身上云棍	高虚步亮掌背棍
踢腿旋转扫棍	横裆步推掌背棍	并步收势

1987年，王旭演练飞龙棍

1990年，王旭在自家楼下演练飞龙棍

师父的功夫：七星单刀

七星单刀也是峨眉派赵门的绝技之一，我师父王旭从赵门好友处习得此刀法后，常练不辍，深谙个中三昧。

1985年，师父演练的七星单刀，也被四川省武术遗产挖掘整理工作组拍摄了"四川省武术拳械录像片"，此刀法也收录在《四川武术大全》中，作为武术遗产挖整的一个成果。

与一般剑法不同的是，刀法往往以实战为目的，讲求势大力沉，威猛悍勇。

七星单刀出自赵门，骨子里具有沙场铁血的特色。原本套路相对难练，为了更好地传授和推广，师父对此加以整理编排，共分一路、二路，每路各三十二动，包括劈、砍、刺、撩、挂、抹、斩、推、带、架、扫、缠头、裹脑等，步法有弓步、马步、仆步、歇步、虚步、平衡跳跃等。

师父说，七星单刀在练法上要勇猛彪悍，雄劲刚强，虚实进退，动静分明。静有势，动有法，步随势变，刀随身走。刀法与身法、步法、眼法紧密配合协调，全神贯注，方可成功。

练习七星单刀，有助于人体各组织系统机能的提升，亦可增强身体素质，掌握技击防身之术。

七星单刀一路：

起势	左弓步推掌	踢腿接刀
缠头旋转独立藏刀	缠头旋转左右砍刀	独立反提刀
上步推刀	横裆步架刀	右弓步撩刀
左弓步撩刀	右弓步撩刀	弹腿跳歇步架刀
转身叉步截刀	仆步按刀	插步前刺
缠头旋转右弓步直刺	带刀转身点步托刀	横裆步下砍
左弓步云刀上砍	腾空翻跳平扫	提膝上冲刀
左右护腿刀	挂刀转身独立反刺	横裆步拦腰藏刀
跳步仆腿藏刀	插步前刺	侧行步劈刀
缠头旋转仆步抢劈	独立送刀	左弓步藏刀
旋转裹脑虚步藏刀	收势	

七星单刀二路：

丁步抱刀	震脚并步穿掌	提膝亮掌臂藏刀
弓步抱刀推掌	踢腿接刀	缠头转身点步换刀
二起腿接刀	缠头旋转歇步下截	独立抡劈
击步翻跳右弓步直刺	摆步砍腿刀	云刀上步提膝平斩
插步斜截反弓步削刀	缠头旋转提膝后劈	回身跳步挑刀
震脚左弓步分刀	里合腿缠头砍刀	马步抡劈刀
上步反撩刀	叉步斜截歇步扎刀	跳仆步按刀
右弓步前刺	退步旋转横裆步臂藏刀	
裹脑提膝行步撩刀	独立前刺	高虚步下点
提膝背刀	退步裹脑歇步藏刀	独立勾手架刀
翻身旋跳提膝冲砍	横裆步拦腰藏刀	转身平扫虚步交刀

我的师父王旭对于七星单刀可谓"情有独钟"，曾对弟子详细讲解七星单刀的 20 种刀法，熟悉这 20 种刀法，对于习练七星单刀能够起到事半功倍的奇效，我也在此一一录下，分享给各位朋友。

一、劈刀：刀由上向下为劈，力达刀刃，臂与刀成一直线。刀沿身体右侧或左侧，抡一立圆再往下劈，为抡劈刀。

二、砍刀：刀向左下方或右下方，斜劈为砍。

三、刺刀：刀刃朝下，朝上或朝左，刀尖向前直出为刺（也可称为扎），力达刀尖，臂与刀成一直线。平刺，刀尖与肩平，上刺，刀尖与头平；下刺，刀尖与肩平，上刺刀与头平；下刺，刀尖与膝平，反刺，手心刀刃都朝上，反手刺出。

四、撩刀：刀刃由下向前上为撩。手心朝上，刀沿身体右侧，贴身弧形撩出为正撩；手心朝下，刀沿身体左侧撩出为反撩。

五、截刀：刀刃斜向上，或斜向下为截，力达刀刃前部。刀刃斜向上为上截刀，刀刃斜向下为下截刀。

六、挂刀：刀刃由前向上、向后或向下、向左为挂，力达刀身前部。刀贴身立圆挂一周为抡挂。

七、抹刀：刀刃朝左或朝右，由前向左或向右，弧形抽回为抹，高度在胸腹之间，力达刀刃。

八、斩刀：刀刃朝左，向左横砍；刀刃朝右，向右横砍，高度在头与颈之间，力达刀刃，臂伸直。

九、推刀：刀尖朝下，刀刃朝前，左手附于刀背前部，向前推出，为立推刀；刀尖朝左，为平推刀。

十、带刀：刀尖朝前，刀刃朝左或朝右，由前向侧后抽回为带回刀。

十一、架刀：刀刃朝上，由下横向上为架，刀高达头，力达刀身，手心朝外。

十二、扫刀：刀刃向左或向右横砍为扫，力达刀刃。

十三、云刀：刀在头顶或头前上方，平圆绕环为云，云刀时头要后仰，或向左肩侧倒。

十四、按刀：左手按于刀背或右腕，刀刃朝下，平向下按，高与腰平，为平按刀；接近地面为低按刀。

十五、背刀：右臂上举，刀背贴靠右臂和后背右侧，为背后背刀；右臂侧平举，刀背顺贴于右臂，为肩背刀。

十六、藏刀：刀身横平，刀尖朝后，刀刃朝外。藏于左腰侧，为拦腰藏刀；刀身平直，刀尖朝前，刀刃朝下，藏于右髋侧，为平藏刀。

十七、挑刀：刀背由下向上挑，力达刀尖。

十八、抱刀：刀柄朝前，两手相交，刀背贴于左臂向前平举，为平抱刀；左手持刀，左臂下垂，刀尖朝上，刀背贴于左臂为立抱刀；屈肘抱于胸前，为横抱刀。

十九、缠头刀：刀尖下垂，刀背沿左肩，贴背绕过右肩，头部正直。

二十、裹脑刀：刀尖下垂，刀背沿右肩，贴背绕过左肩，头部要正直。

1985年王旭演练峨眉七星单刀

2012年,王旭演练峨眉单刀,时年九十五岁

师父的气功：峨眉气功十二段锦

气功只有古代有。

气功能够让人羽化升仙。

气功可以飞起来。

气功都是骗人的。

在很多人的印象里，所谓气功基本上就是上面这些意思。

那么，这是真的吗？

其实，气功在上古时代就有了。《吕氏春秋》说，"筋骨瑟缩不达，故作为舞以宣导之"，最初的气功就是"舞"。

后来，气功渐成体系，或曰吐呐，或曰导引等，融入中医或道家养生的轨道，并成为主体。《黄帝内经》说，"提挈天地，把握阴阳，呼吸精气，独立守神，肌肉若一"；《庄子》则说，"吹嘘呼吸，吐故呐新，熊经鸟伸，为寿而已矣。此导引之士，养形之人，彭祖寿考者之所好也"，医家经典，道家经典，都这么说，呼吸吐纳的强大可见一斑。

1973年，湖南长沙马王堆三号汉墓中发掘出一部帛书，《却谷食气篇》，另有一幅彩色帛画《导引图》。

它们并不是吴邪和张起灵，或者胡八一和胖子朝思暮想的"藏宝图"，但价值或许比世界上任何一件宝贝都要高。

《却谷食气篇》全篇四百字，推测写于战国时期，原本书上是没有名字的，这个名字是马王堆汉墓帛书整理小组起的，"中心思想"没有错，就是教人服气辟谷和养生的气功奇书，并且有详尽的习练方法，以及药饵如何配制，如何服食。

《导引图》更是一部超牛叉的图谱，一共绘有44幅图像，教人如何习练气功，祛病延年。

后世又有诸多武术大家，道家高人，穷尽一生，追寻气功的神秘之道。峨眉气功十二段锦，正是在总结前人奇妙功法的基础上诞生的。

这位小哥儿要说了，既然《却谷食气篇》和《导引图》这么牛，那就直接去学这两个了，干吗还学你峨眉气功十二段锦呢？

好吧，《却谷食气篇》确实超牛，但说实话在出土的时候就已经散佚许多了，更何况，你觉得你能见到原物吗？见都见不到，怎么学？就算在百度上搜到了内容，你看得懂吗？

而我要记录下来的峨眉气功十二段锦，只是因为它属于"关于峨眉武术，不得不说"的内容，您愿意学着养生当然好，只是看着玩也不错呀。

自古以来，气功流派颇多，种类繁杂，修炼方法也各有所异。按照功法作用来说，大体可以分为"静功"和"动功"两大类："静功"基本上没有肢体的运动，是通过一定的练功姿势、呼吸方法和意识活动等，进行内部的锻炼，对机体自我调整，自我建设。"静功"的姿势有坐式、卧式、立式等。"动功"是在大脑相对安静的状态下，宁静安神，调练气息，进行动静相兼、内外结合、松紧互用、刚柔相济的运动。

峨眉气功十二段锦是属于"动功"的范畴，是武术与中医相结合的健身养生功法，常年习练，可祛病延年。

峨眉气功十二段锦的练功方法是以"静功"养元神，以"动功"养形体，动静双修，内外兼顾，练功以"吐纳"和"导引"为主，动中求静，外动而内静，静心以养气，炼气以化神。

精气神，就是人生三宝，是人体生命的重要物质基础，精的生化，有赖于气的活动，而气又产生于精；精与气的共同功能体现为神。

通过连贯圆活的肢体运动，配合深长细匀的腹式逆呼吸，可以疏通经络，调和气血，强筋壮骨，培元固本，内壮脏腑，外强肢体，从而使人体的精足、气充、神旺。

师父王旭先生在乐山传授峨眉气功十二段锦 40 余年，实践证明，诸多学习此功法者在消化系统、呼吸系统、神经系统方面的疾病都得以较好的防治和保健。

峨眉气功十二段锦在运动姿势的配合下，进行缓慢匀柔的深呼吸，能增强横膈肌的上下活动，促进肠胃的蠕动功能和腹腔内的血液循环，并能分泌出较多的胃液、唾液、肠液、胆液，增强新陈代谢，因而对消化系统的病患有着显著的疗效。

峨眉气功十二段锦，通过深呼吸锻炼，可以使肺脏更好地收缩，有利于支气管分泌物的排出，减轻咳嗽，更重要的是可以减低呼吸频率，使呼吸由浅速变为长缓，减少能量消耗，增加氧气吸收，使呼吸由乱而顺，由滞而畅，因而对呼吸系统的疾病特别是支气管炎、肺气肿都有很好的防治作用。

峨眉气功十二段锦是在意识集中指导下进行凝神静气，可以使大脑皮层的兴奋状态达到平衡，从而杂念不生，心旷神怡，生清降浊，引火归源，因而对神经系统的疾病，如头昏、失眠等都能起到可靠的治疗效果。

峨眉气功十二段锦对人的锻炼非常全面，整套动作，包括弓步、马步、仆步、虚步、独立平衡、前进后退以及拳法掌型的练习，通过运动，能使全身各关节部位以及手眼身法步、腰腿腕胯膝，均可受到全面的锻炼，为练习拳械套路，打下良好的基础。

说了半天，那么，究竟是哪十二段锦呢？很简单，十二句七言诗，您背下来就OK了！

> 提神贯顶冲云霄，玉女推碑泰山倒；
> 两手托天理三焦，马步开弓如射雕；
> 左右单举调脾胃，三起三落往后瞧；
> 风摆荷叶开心窍，饿虎扑食百病消；
> 凤凰展翅增气力，弯腰理气固肾腰；
> 白鹤亮翅独立好，风吹杨柳四方摇。

以上。

对了，再来个温馨小贴士，纯属在下的一点小小经验，属于友情奉送：

初练峨眉气功十二段锦，不懂如何呼吸，难免进入不了状态。所以切记12个字，起吸落呼，合吸开呼，先吸后呼。吸气时小腹后收，胸部扩张；呼气时全身放松，气沉丹田。

这个是个人的小体会，不敢说是指导，仅供各位初学者参考而已。

峨眉气功十二段锦功法：

预备势：开立步，调整呼吸。

1. 两掌合拢上举，吸气，分开下落至小腹前，两掌重叠，左掌在上，呼气。

2. 两掌提至胸前，吸气，翻掌下落，虎口交叉，左拇指按右手合谷，右拇指按左手劳宫，边落边按三次，呼气。

丹田功：开立步。

1. 两手分开，弧形上举至印堂穴前捧气，吸气。

2. 两手经面前下落至丹田，呼气。

山海朝尊：开立步。

1. 左掌自小腹前上举至眉间，眼看中指尖，吸气。

2. 顺势下落至脐旁护气海，眼看掌根，呼气。

3. 右掌上举，与左势同。

提神贯顶冲云霄：开立步。

1. 两掌自小腹前，捧气至头顶，气贯百会穴，两脚用力蹬地，吸气。

2. 两掌由耳后绕经胸前，下落至脐旁，全身放松，呼气，连续做三次。

此法疏通全身经络，使百会到涌泉都受到锻炼，抗御风寒暑湿燥热六邪。

玉女推碑泰山倒：开立步。

1. 两掌贴身提至胸前，吸气。

2. 翻掌座腕往前推，呼气，两掌回收，吸气，翻掌前推，呼气。

3. 两掌卷收至肋旁，吸气，两掌前插，呼气，推掌插掌各三次。

此法畅通气血，增强氧气吸收，改善新陈代谢。

两手托天理三焦：收左脚分开成马步。

1．两掌由两侧上举至头顶，十指交叉，翻掌上托，脚跟提起，吸气。

2．两掌分开下落至胯旁，呼气（上举眼看右手，下落眼看左手），重复做三次。

此法对内增强内脏器官功能，对外纠正体型防止弓腰驼背。

马步开弓如射雕：左脚分开成马步。

1．两手在胸前合抱，左手在外，吸气。

2．两手摆臂拉开，拇指和食指卷屈成小圈，如射雕状，眼看左手，呼气。

3．两手在胸前合抱，右手在外，吸气。

4．两手摆臂拉开，眼看右手，呼气，左右各三次。

此法健腰补肾，且能增加腿力、臂力、腰力，真是他好你也好。

左右单举调脾胃：收左脚成并立步。

1．左掌自小腹前上举，手心向里，吸气。

2．云腕摇掌由左侧下落至胯旁，手心向下，指尖向前，呼气。

3．举右掌，与左掌同，左右各三次。

此法顾名思义调理脾胃，和肝利胆，对头昏、失眠、高血压、肩周炎都有较好的疗效。

三起三落往后瞧：两手在胸前合抱，吸气，分开下落成左虚步，呼气。

1．左手护命门穴，右手自右侧上举至头顶，拧颈后看左脚跟，吸气。

2．两手在两侧平举，交换呼吸，呼气。

3．右手护命门穴，左手自左侧上举至头顶，吸气，余同上势。

此法壮腰固肾，专治腰肾疾患，且对颈椎病痛给予治疗。

风摆荷叶开心窍：接上势，收左脚成并立步，用力握拳，贯气七下。

1. 分开左脚成大开步，两手先从面前上提，吸气，随即右移弯腰绕环下落，呼气，继续弯腰绕环上举，吸气，左右连续做三次。

2. 两掌举至头顶，弯腰下按，呼气，随即弯腰上举，吸气，连续三次，最后收脚举掌，分掌下落，成并步。

此法强身护肾，促进肠胃蠕动，增强消化系统功能。

饿虎扑食百病消：左脚向左迈步，成左弓步。

1. 两掌平屈胸前，分开，吸气，两手从膝旁穿掌，头用力前窜，呼气。

2. 昂头起身，力贯头顶，两手回收至胸前稍开，吸气，两手继续前穿连续三次后，转身成右弓步，照左势做三次，最后推掌，呼气。

此法调节人体内外平衡，增强大脑机能，主治头昏、失眠、健忘、脑血管硬化等病。

凤凰展翅增气力：两脚尖外摆成横裆步。

1. 两手平摆两侧，左手横按胸前，右手横举额前，吸气，重心移于右腿，屈膝下坐，左腿平铺成左仆步，眼看左前方，呼气。

2. 摆肩起身，右手横按胸前，左手横举额前，吸气，顺势下坐成右仆步，眼看右前方，呼气，左右交换各三次。

此法增强下肢功能，使人身轻体健。

弯腰理气固肾腰：收左脚成并立步。

1. 两手在面前捧气，吸气。

2. 随即自胸前贴身下插，两手食指靠拢，呼气。

3. 两手在面前平举至眉高，吸气。

4. 两手贴身下插，呼气，连续做三次。

此法顾名思义，调和阴阳，填虚补弱，壮腰固肾。

白鹤亮翅独立好：并立步。

1. 两手平摆两侧，左脚提起，吸气，左脚前落，脚跟着地，两手经面前捧气下落，呼气。

2. 两掌平摆两侧，右脚提起，吸气，右脚后落，脚掌着地，两掌捧气下落，收左脚成并立步，呼气，左右各三次。

此法增强身体协调性，让人更加灵活。

风吹杨柳四方摇：

1. 屈膝虚步抱球，左脚向左前方迈出成左弓步，左手向左前方撩举，吸气。

2. 两手在胸前相合，呼气。

3. 右手向右前方撩举，吸气。

4. 两手在胸前相合，重心后坐，呼气。

5. 两手前后分举，左脚稍移成左虚步，吸气。

6. 两掌在右肋合抱，呼气，转身向右，与左势同。

并步收势。

此法能够舒筋活络，调和气血。

结束动作：半握拳，中指抵劳宫穴，前进四步，进一步按一次，后退四步，退一步按一次，最后成并立步。

人之一身，内而五脏六腑，外而四肢百骸，内而精气神，外而筋骨肉。筋骨之外，以皮肉为主；皮肉之内，以血脉为主。血脉的运行，以气为主。气血畅通，百病消除，气血阻滞，则诸病丛生。

峨眉气功十二段锦动静结合，内外双修，师父王旭常年勤习不辍，百岁高龄仍能打拳授艺，且思维敏捷，能写诗，能背诵《桃花源记》。

1984年，师父王旭先生将峨眉十二段锦整理完毕，送交四川省武术遗产挖掘整理工作组，受到体委领导和专家的高度重视，此功法也获得了武术遗产贡献证。

王旭2017年8月在乐山嘉州长卷向后辈传授武术，100岁高龄

画个句号：峨眉武术没有终点

  对于这本小书来说，画上最后一个句号的时刻已经越来越近，但峨眉武术其实还远远没有写尽。

  毕竟，峨眉派"五花八叶"，每一支"花"，每一片"叶"，都可以写出一本厚厚的大书来。僧、岳、赵、杜、洪、会、字、化，每一门都是一个传奇，都有无数精彩的往事。

  岁月荏苒，沧海桑田，模糊了刀光剑影，远去了鼓角争鸣，散去了战火硝烟。

  就在临近为本书画上句号的时候，乐山市峨眉武术协会终于正式成立，我的师兄钟明强全票当选会长，大批峨眉武术专家学者、名师高徒，纷纷加入。峨眉武术翻开了新的篇章。当乐山市民政局颁下正规的社会团体登记证书的那一刻，无论是师父，还是我们这些痴爱峨眉武术的弟子们，无不激动落泪。

  我有一个梦想，那就是，有一天，峨眉武术的传人们，从四面八方走来，或白发长髯，或姣美童颜，每个人都带着自己的绝技，带着自己的故事，在峨眉山下，沏一壶清茶，开几坛美酒，剑舞邀月，举杯畅谈。

  那一天，将是峨眉武术的节日。

二零一七年九月二十八日
于峨眉武术故乡乐山